終わらない戦争

復員船「鳳翔」
〝終戦〟までの長き航路

戸津井康之

はじめに

1945（昭和20）年8月15日、終戦……。

教科書をはじめ、日本の現代史の記録には、こう記され、現在まで、この日を第二次世界大戦の終戦記念日として、日本各地で平和を誓う式典などが行われてきた。

だが、この日、本当に戦争は終結したのだろうか……。

答えは〝否《いな》〟。

その日から、さらに長く、過酷で、終わりの見えない〝新たな戦い〟に突入した日本軍人たちがいた。

教科書にも歴史書にもほとんど記述されることのなかった、この事実を、私が胸元へ突き付けられたのは、日本海軍初の空母「鳳翔《ほうしょう》」に乗船していた元海軍二等兵曹、山本重光《しげみつ》を取材したときのことだ。

「鳳翔」に通信兵として乗っていた山本は、1945（昭和20）年3月から7月末にかけて執拗に続いた米軍による広島県呉市の「呉軍港空襲」をしのぎ、奇跡的に生き残った海軍兵の一人だった。

空母「天城《あまぎ》」、軽巡洋艦「大淀《おおよど》」など日本の主力艦が次々と大破、沈没していくなか、この凄《すさ》まじい空襲を耐え、生き延びた数少ない一隻が、山本が乗艦していた空母「鳳翔」だった。

この一連の呉軍港への空襲による日本軍人の戦死者の数は８００人近くに達し、負傷者の総数は2千人を超えた。

「私と『鳳翔』が生き残ることができたのは、奇跡だったと思います……」

77年以上前の戦争を振り返りながら、こう語る96歳を超えた山本の目には涙がにじんでいた。

「その日、私は死んでいてもおかしくなかった……」

そう山本が振り返る77年前の7月28日。爆弾を搭載した米軍機約1千機が、呉の上空を覆い尽くした。呉鎮守府《ちんじゅふ》に集結していた日本が誇る連合艦隊も工廠《こうしょう》も軍港施設も、一瞬のうちに壊滅した。

この日、山本が「鳳翔」の通信室の舷窓《げんそう》から見た光景は、まるで地獄絵図のようだったという。

だが「鳳翔」と山本は、ほぼ無傷のままで、8月15日の「終戦の日」を迎えた。

ついに戦争は終わったのだ。

そう多くの日本人は信じ、安堵した。

「終戦後は、すぐに『鳳翔』を降りて、呉から故郷の三重県へ帰ったのですか？」

こう聞いた後、山本から返ってきた答えに衝撃を受けた。

「故郷へ？　帰るもんですか。だって私は、そのまま呉に残り、『鳳翔』に乗りつづけていたのですから……」

なぜ、戦争が終わったのに、三重の実家へ帰らなかったのか？

「ご家族は一日も早い帰郷を待ちわびていたことでしょう?」

そんな当たり前のことを聞いたつもりだった。

すると、山本はきっぱりと、こう言い切ったのだ。

「空母『鳳翔』は復員船となったのです。私は、そのまま復員船『鳳翔』に乗りつづけることにしたんです」と。

◇　◇

敗戦により、世界各地の戦場跡には日本軍人と民間人、合わせて約660万人以上が残されたままだった。

当時の日本の総人口の数は約7200万人。実に、1割近くもの日本人が、世界中の戦場跡や敗戦前の日本の占領地に取り残されたまま、この国は終戦の日を迎えていたのだ。

敗戦のショックから、まだ立ち直ることができない混沌とした状況のなかで、山本たち生き残った海軍兵士たちへ、すぐに新たな命令が下される。

「これから我々は『鳳翔』に乗って、世界中に取り残された日本軍人や、日本の民間人たちの救出に向かう……」

この復員船の一隻に選ばれた「鳳翔」ほど、物語が多い空母は、世界を探しても見つからないかもしれない。

「鳳翔」は日本初どころか、世界初の空母としてこの世に誕生している。設計段階から空母として計画され、完成した世界初の空母だった。

その艦に付けられた名前の由来も、また、ドラマチックで壮大である。

「巨大な翼で大空を駆けめぐる伝説の鳥〝鳳凰《ほうおう》〟のように……」

大海原だけでなく、大空をも駈けめぐれ――。そんな壮大な願いが、この艦の名前に込められていた。

大きな宿命を背負った「鳳翔」の物語は、軍艦としての任務を終えた後も、戦後も、まだ終わることはなかった。

強靭な翼を持つ「鳳翔」は〝敗戦国の空母〟という悲劇の運命を背負いながらも、復員船として蘇り、再び両翼を広げたのだった。

山本たち、生き残った若き海軍兵たちを乗せ、戦後、新たな物語の幕を開けたのだ。

◇　◇

8月15日――。

今日《こんにち》まで終戦と呼ばれてきたこの日に、日本の軍人すべてが、戦闘を終えたわけではなかった。

「一人でも多くの日本人を、自分たちの手で救いだしてみせる!」

「鳳翔」の船内には、山本と同じように、自分の帰りを待ちわびる両親や兄弟、妻や子供たち、友人、恋人たちが待つ故郷へ帰る道を断ち、再び大海原の向こうにある〝未知の戦場〟へと身を投じた幾多《いくた》の元海軍兵士たちがいた。


ようやく訪れた平和の余韻に浸ることもなく、誰にも見送られることもなく……。

復員船の乗組員を志願した山本たち元海軍兵たちは、〝新たな戦場〟へと漕ぎだしていく。

本書では、空母の乗組員だった山本たちが、かけがえのない青春を捧げた洋上での日々に敬意を表し、「抜錨《ばつびょう》」「全速前進《ぜんそくぜんしん》」「投錨《とうびょう》」「宜候《ヨーソロー》」……など、各章を航海用語で表しながら、復員活動の一端をたどっていきたいと思う。


世界史や日本史のなかで記述されている数々の有名な海戦史の陰で、ひっそりと埋もれるようにしながら、終戦直後、世界を舞台にした復員活動という名の壮大な人命救助の救出劇が、人知れず行われていた。

この救出劇は、これまでほとんど誰も口にしたり、語り伝えられたりすることのなかった、いわば、〝勝者無きリベンジマッチ(復讐戦)〟に果敢に挑んだ山本たち日本の兵士による、第二次世界大戦直後の〝もうひとつの戦い〟の記録である。

目次

プロローグ

海霧（うみぎり）――〝幻〟の復員船――

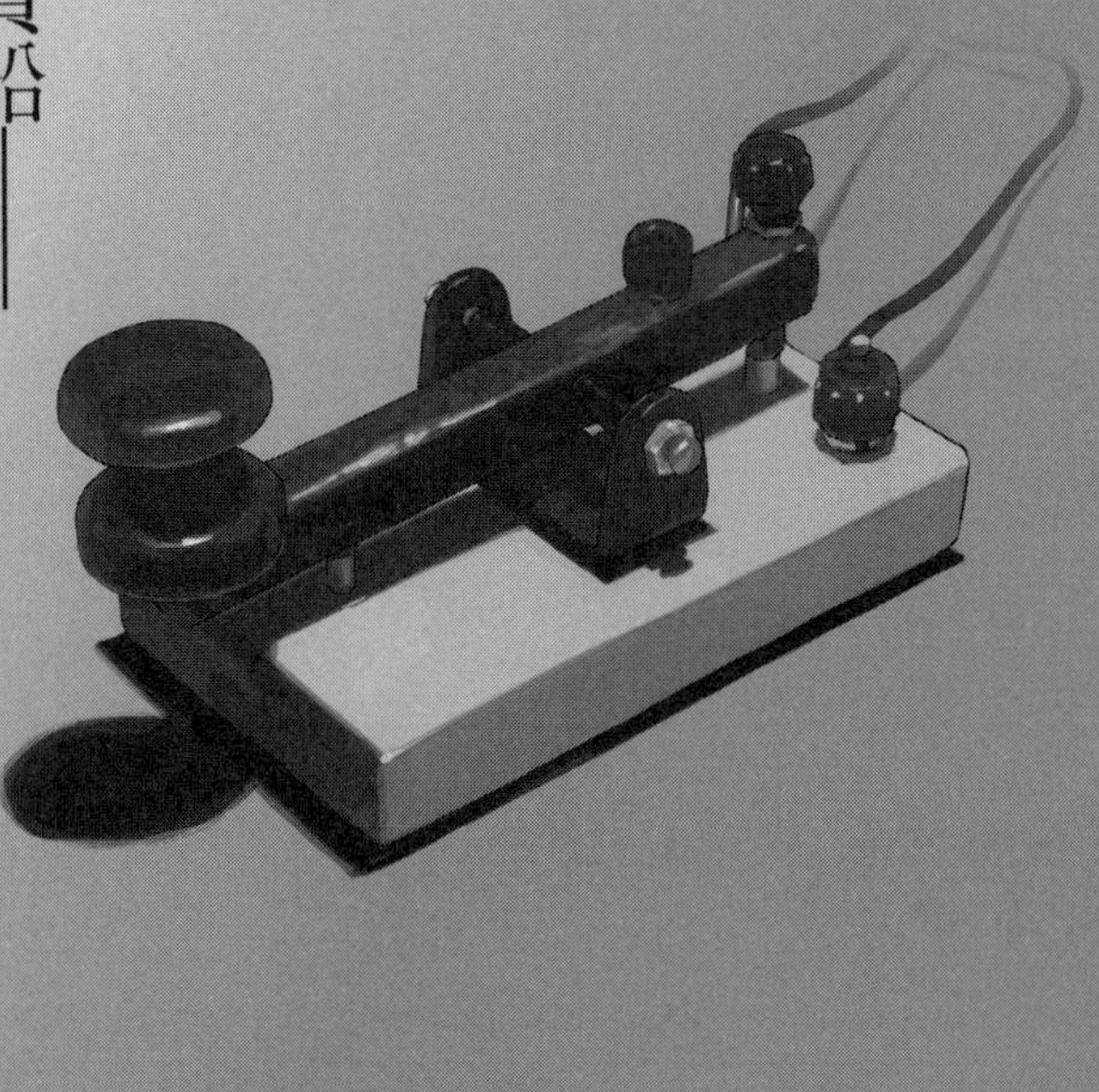

空母「鳳翔」と山本重光たち元海軍兵が復員活動に従事した記録の詳細は、現在の日本に残っているのだろうか。さかのぼって記録をたどってみても、ほんの少しの断片が散らばって残っているだけで、全貌はなかなか見えてこない。

それは、まるで船乗りの視界を閉ざし、船舶の行く手をさえぎる「海霧《うみぎり》」のように、日本の歴史の一端を覆い隠しているようだった……。

消え入りかけた証言

そもそも、復員船を使った復員活動では何が行われていたのか？

山本の「鳳翔」における活動の記録をたどる前に、終戦直後、日本で行われていた復員活動の実態について触れておきたい。

《日本国軍隊は、完全に武装を解除されたのち、各自の家庭に復帰し、平和的かつ生産的な生活を営む機会を与えられる》

これは、第二次世界大戦後の日本軍の復員兵の処遇について、「ポツダム宣言」の第9項に明記されている文言だ。

1945（昭和20）年7月26日、ドイツのポツダムにおいて、米・英・中は、日本に対し、全13カ条からなる宣言文を通告した。

そこには、第二次世界大戦終結後の対日処理についての方針が細かく記されており、日本は8月14日、この宣言を正式に受諾している。

では、受諾後、この第9項に書かれているように、すべての軍人は各自の家庭へ復帰できたのか？

この宣言は守られたのか？

また、ここで忘れてはならないのは、戦後、海外に残された「民間人の復帰」の対応については、ポツダム宣言のどこを探しても、その具体的な文言は記されていない……という事実だ。

この、ポツダム宣言の第9項を守ろうと、「武装解除された日本軍人を故郷・日本へ連れ戻そうと活動していた」日本人はいた。その一人が「鳳翔」に残った山本だ。

だが、終戦後も長い期間、故郷へ帰らず、復員輸送活動にひたすら従事していた山本のような元海軍兵たちの記録を詳細に知ることができる資料や文献などを見つけだすことは難しい。

彼らが具体的に、どんな活動を行っていたかを調べても、容易に、この史実をたどっていくことができないのだ。

公的に復員活動を証明する記録は、この国で果たして総合的に管理されてきたのだろうか？

私も、山本から復員船の話を聞き、その詳細な記録や資料を探したが、復員船についてまとめられた書物や文献などは、断片的な数字などのデータを散見的に残すのみで、系統だった記録がほぼ残されていないことを知り、愕然とした。

そんななか、ようやく手に入れることのできた、貴重な一冊の証言集がある。

タイトルは『あゝ復員船――引揚げの哀歓と掃海の秘録』（騒人社）。

今から30年以上前、１９９１（平成３）年に発行されている。

いったい、誰が書いたのか。

「珊瑚会」編とある。

「珊瑚《さんご》会」とは、東京・築地に創設された海軍経理学校で学んだ三十五期生の同期会のことだ。この「三十五期」に、ちなんでつけた通称が〝珊瑚会〟だ。

この三十五期生は、1945（昭和20）年3月末に海軍経理学校を卒業。第二次世界大戦末期に海軍兵となり、軍艦や日本各地の基地などに配属された。

卒業から約半年後。8月15日の終戦を迎えたときには、同期生2人が戦死し、珊瑚会のメンバーは97人になっていた。

この97人全員が、「最後のご奉公として復員輸送、機雷掃海の任務に従事した」というのだ。

なぜ、彼らは、この『あゝ復員船』を刊行したのか？

その理由について、同会代表者の坂本克郎が、こう綴《つづ》っている。

《私はここに本書が、我々の級友、故高橋辰雄君の意志がこめられていることを語らなければならない。高橋君は復員後、東大文学部美学科に入り、昭和二十五年卒業。演劇の途に進み、民放開始後は放送作家として劇作や演出を手掛けていたが、彼は作家としての視点から、自《みずか》らの体験も含めて、この復員輸送をテーマにした本の出版を企図していた》

ところが、高橋は、この本の出版準備を進めている最中、喉頭がんを患《わずら》い、1990（平成2）年2月に死去してしまう。

《高橋君は生前、我々のクラス会報に「私にはどうしてもやり遂げたい仕事がある。復員輸送の出版、これを完成させなければ死んでも死にきれない」と固い意志を寄せ、声帯切除という苦境にありながら、企画まとめに情熱を注いでいたのである》

この書のあとがきで、海軍経理学校を出た後、戦艦「伊勢」に乗船するも、呉軍港空襲で「伊勢」が轟沈。終戦後、「海防艦79号」に乗艦し、復員活動に従事していたという吉岡英夫が、同期の高橋について、こう記している。

《彼は単なる輸送記録だけなく、多方面にわたる問題を描きたかったようだ。しかし、私にはそこまで調べる時間もなく……。

辰つぁんよ、意にそわぬところも多かろうが、同期の桜が皆《みな》、記憶を呼び起こして一生懸命書いたのだから、もって瞑《めい》してもらいたい》

この書が刊行される前に、高橋を含め、珊瑚会の同期生3人が亡《な》くなったという。

今は、この書が刊行されてから、さらに30年以上が過ぎている。

この書に手記を寄稿した高橋たちの同期生のなかで、現在、何人が生存しているのだろうか。

もし、まだ、元気に生きているとしたら、皆、もう、山本重光と同じ96、97歳を越えた年齢に達しているが……。

《戦後、いわゆる戦記ものは沢山出版されているものの、この復員船の記録はまことに少ない。引揚船の記録を見ても「どこそこの港に集結、復員船で帰国した」と簡単に述べているだけのものが多い。家族が待つ故郷へ急ぐ復員者をよそに、外地へ向かって出発してはトンボ返りを続けた復員輸送の苦労話は、ほとんどといってよいほど日の目をみていない。

生前、『あゝ復員船』へ書き残した高橋の絶筆となる原稿には、こんな嘆《なげ》きの声が切々《せっせつ》と綴られていた。

「家族が待つ故郷へ急ぐ復員者をよそに、外地へ向かって出発してはトンボ返りを続けた……」。復員船となった「鳳翔」に乗りつづけた山本重光もまた、まさに、そんな一人だった。

珊瑚会のメンバーと山本は、ほぼ同じ世代。当時、まだ、20歳前後の若者たちが、多くの日本人のために、青春を懸けた記録の日々が、なぜ、これまで、これほどまでに「日の目を見てこなかった」のか？

復員船の元乗組員であり、かつ、96歳まで聡明で確かだった山本の記憶をたどることによって、復員輸送の記録の実態に迫り、山本や珊瑚会のメンバーたちの知られざる功績を、なんとかして現代の日本に知らせ、後世へと語り伝えることはできないだろうか。

そうすることによって、高橋たちの無念の思いを少しでも晴らすことはできないだろうか。今、改めて、少しでも日の目を当てることができないだろうか……。

復員船で活動した者たちの息吹《いぶ》きを伝えるべく、その実態に肉薄すべく、それを試みていこう。

記録はどこへ？

『あゝ復員船』へ、自ら綴った体験記を寄稿した高橋たち、海軍経理学校を卒業した珊瑚会の同期生、そして「鳳翔」の乗組員の山本重光……。

彼らは、自身の命、青春を懸けて、世界に取り残された数多くの日本人の命を救った。

この価値ある尊い救出活動が、なぜ、今の日本には正確に語り伝えられも、詳しく伝えられもしてこなかったのか。

なぜ、伝えようとする文献、公的な記録が存在しないのか。

その大きな理由として、敗戦後の混乱により、日本の組織系統が体《てい》をなしていなかったことが影響しているようだ。

そもそも、復員活動の全体を管轄し、掌握する省庁が、現在、日本に、まだ残っているのだろうか？

戦後の組織改編などによってその記録を管理する省庁は定まらず、復員活動を行っていた部署も活動内容の種類などによって多岐に分かれた。そうした復員活動全体を把握している省庁はどこに存在するのか？

歴史をさかのぼっていくしかなさそうである。

まず、終戦直後に復員輸送を担当し、復員活動を開始した陸軍省、海軍省は、１９４５（昭和20）

年11月いっぱいをもって消滅している。

その代わりに、それぞれ第一復員省、第二復員省と組織と名称を変更し、復員輸送の活動を引き継いだ。

同年12月1日、陸軍省が第一復員省に、海軍省が第二復員省へと改組されたのだ。

海軍軍人の復員輸送に携《たずさ》わった第二復員省のなかには、さらに、横須賀、呉、佐世保、舞鶴など旧鎮守府を中心に日本各地に複数の地方復員局が設置され、それぞれ復員、掃海の実務を担《にな》った。

だが、翌１９４６（昭和21）年６月15日には両省とも廃止され、新たに復員庁が発足。２つの局が置かれ、第一復員局が旧陸軍関係を、第二復員局が旧海軍関係の復員輸送を担当したが、翌１９４７（昭和22）年には廃止。第一復員局は厚生省、第二復員局は内閣総理大臣直属となる。

さらに、これも翌１９４８（昭和23）年１月１日には廃止されている。

その後、復員業務は、厚生省引揚援護庁《ひきあげえんごちょう》に引き継がれた。

なぜ、復員業務が軌道に乗りはじめた矢先、第一復員局、第二復員局が、突然、廃止されたのか。

ここには、できるだけ速《すみ》やかに、「日本陸軍、海軍を完全に解体したい」と考えるＧＨＱ（連合国最高司令官総司令部）のマッカーサー最高司令官の強い意志が働いていたといわれている。

２つの復員局の廃止後、復員船の活動は、現在の防衛省ではなく、現在の厚生労働省へと引き継がれている。

これによって、マッカーサーの〝目論見《もくろみ》通り〟に、復員活動の中心を担ってきた日本陸軍、海軍の歴史の流れは完全に断ち切られた。

こうして日本の元軍人たちが戦後受け継いだ復員という救命活動は、防衛省ではなく、厚労省の管理下に置かれることになる。

また、復員船輸送において重要な役割を担った機雷の掃海活動の記録について調べると、旧日本海軍から運輸省海運総局へと移管され、後に海上自衛隊、海上保安庁へとそれぞれ継承されるなど、その活動の記録は点在し、復員船の記録と同様、全貌を掌握することは難しくなっている。

掃海艇を使った掃海活動までを、一時期ではあるが、運輸省に移管させたところにも、日本海軍の完全な解体を意図したマッカーサーの政策の徹底ぶり、その執拗《しつよう》さがみてとれる。

さらに、厚生省に設置された引揚掩護庁も、１９５４（昭和29）年には、同省の引揚援護局に吸収されて廃止。

２００１（平成13）年の省庁再編により、現在、この業務を管轄するのは、厚生労働省の「社会・介護局」に変遷していた。

この、生活保護やホームレス対策などを主に行う部局が、同時に、戦没者遺族の年金の管理などと合わせて、引揚者援護の対応も行っているのが現状なのだ。

『あゝ復員船』の寄稿のなかで、復員船となった「海防艦１５０号」に乗船していた元海軍兵、村岡敬公は、１９４５（昭和20）年10月13日、舞鶴の港を出港。16日にフィリピン・ミンダナオ島のダバオに到着し、そこで見た光景をこう綴っている。

《米軍との連絡がとれ、明日、邦人婦女子を乗艦させるというその夜のことであった。一日、いや半日が待ちきれず、キャンプを脱走して艦に泳ぎ着こうとしている者がいるという》

翌日の朝には復員船へ乗ることができるのに、多くの日本人が米軍の収容所から逃げだし、海でおぼれたり、米軍兵に捕らえられたりする人たちが続出したというのだ。

《一夜明けると、浜ではさらに悲惨な光景が展開されていた。泳ぎ着こうとして力尽き、ついに命を落とした人たちが波打ち際に並べられていたのである》

村岡は戦後、自分が従事した復員活動について調べたという。

《この稿を書くに当たり、何か当時の人たちについての手掛かりはないかと思い、厚生省援護局を訪ねて調べたが、終戦直後の混乱時のこととて、人数も何もわからなかった》

フィリピンの海に散った〝名もなき日本人たち〟の記録は、いったい、どこへいってしまったのか？

彼ら彼女たちの遺骨はどうなったのか？

村岡は愕然としたという。

国が行っていた復員活動の全貌が、現在にいたるまで、記録や証言として伝承されたり、明らかにされてこなかったりしたのは、こんな日本国内の戦後の混乱や、管轄する部署の相次ぐ変遷だけが理由ではないことも、わかってきた。

戦勝国の事情

米英など、戦勝国である連合国軍の間でも、戦後、戦地に残された日本兵を、いかにして日本へ復員させるかについて、その方針は定まっていなかったのだ。

戦勝国の事情によって、日本兵を帰国させるか、抑留したまま労働に従事させるか。世界の国ごとに日本人捕虜の扱いは異なり、また、地域によって、その待遇には大きな差があった。

さらに、世界に散らばる元日本の占領地に残された復員兵の対応をめぐっては、終戦直後の戦勝国間の対立の原因になっていたともいわれている。

南方だけを見ても、米国がフィリピンを、英国がビルマ、タイ、マレー、シンガポールを、オランダはインドネシア、オーストラリアは東部ニューギニアなどを……と、それぞれ、戦後、独自のルールで占領地を管轄していたからだ。

とくに、米軍と英軍、オランダ軍の間では抑留方針をめぐり、激しい対立が続いていたという。

それが復員活動を停滞させ、敗戦国である日本の方針だけでは円滑に進めることができない、大きな障壁となっていたのだ。

また、ソ連（現ロシア）と米国との緊張関係も、巨大な〝海霧〟となって、復員活動の実態を不透明にしてきた大きな原因といえるだろう。

第二世界大戦後の世界の秩序、国際政治の枠組みを大きく変えた米ソの〝冷戦〟が、日本の復員活動の障壁となって立ちふさがっていたのだ。

日本を西側諸国の一員として引き入れたい米国は、ソ連との緊張関係を深めるなかで、当初、「復員船に転用させてほしい」という日本の要望をはねつけ、米艦船を貸し渋っていたはずなのに、突然、方向転換した。

「日本兵を強制労働させつづけるソ連と米国はまったく違う」という民主主義国家のルールを、日本国民に知らせる必要性が出てきたからだった。

一方、平和を約束するポツダム宣言に対し、ソ連は署名もしていない。

《日本国軍隊は、完全に武装を解除されたのち、各自の家庭に復帰し、平和的かつ生産的な生活を営む機会を与えられる》

そもそも、終戦直後のソ連には、米国が中心となって草稿された、この第9条を遵守する意志などなかったのだ。

日本軍のシベリア抑留者の多くが酷寒の捕虜収容所へ送られ、戦後も強制労働をさせられていた。

この強制労働で亡くなり、祖国へ復員できなかった日本軍人は多い。

復員船で活動した山本たち復員作業に尽力した記録と同様に、世界からの引揚者約660万人のうち、半数以上を占める日本軍人約350万人の復員の実態について、いまだ、その全貌が明らかにならないのは、こんな複雑な国際事情も絡んでいるのだ。

忌避された記憶

多くの日本人の記憶のなかで、風前の灯火《ともしび》のように、復員船の記録は風化しようとしている……。

山本のように軍人として実際に復員活動に携わった元軍人は次々と亡くなり、戦争を体験した世代も、令和に入り、相次いで亡くなっており、語り継がれるべき記録も文献もほとんど残っていない。

戦後の混乱により、日本政府に復員事業を統括する態勢が整わなかったこと。

日本の兵隊を占領地における労働力とみなすなど、米、英など連合国軍の間で、さらに米ソ冷戦の構造が進行するなかで、復員に対する扱いの違いが、各国間の争いの元凶になっていたこと。

貴重な復員の記録が、この国で一気に風化してしまった背景には、このような、国内の事情に加え、国際社会をも巻き込んだ複雑な政治的な理由の他、実は、敗戦による日本人自身の心情の変化にあることも、しだいにわかってきた。

『あゝ復員船』の証言のなかに、こんな一文が綴られている。

戦後、海軍兵だった秋元正一は「海防艦49号」への乗船を命じられ、復員活動を助ける掃海作業などに従事していた。

秋元は復員船の主計長として、食糧の調達などを担当。沖縄県の宮古島に上陸し、数人の乗員たちと砂糖の買い付けにいったときのエピソードは衝撃的だ。現代の日本人は、この事実を、どう感じとるだろうか。

宮古島に着き、港近くの畑で作業をしていた数人の農婦と出会った際、秋元らが、「こんにちは」と、帽子をとってあいさつすると、農婦たちはいっせいに立ち上がり、頭髪に巻いていた被《かぶ》り物をとると、深々と頭を下げて、こう言ったという。

「兵隊さん。長い間、本当にご苦労さんでした」と。

《それは全く予期しない、終戦後五カ月余にして初めて聞く、軍人に対する暖《ママ》かいねぎらいの言葉であった。私は一瞬、心の空白を突かれたように感じ、次の瞬間、胸にズンと響くものを感じた。「戦争に負けて申し訳ありません」と答える私の声はかすれ、涙があふれてくる。乗組員たちの眼にも涙が光っていた》

秋元もまた、山本と同じく、戦後、実家にも戻らず、復員の仕事に身を捧げ、命懸《が》けの危険な掃海作業を続けていたのだ。

それなのに、そんな若き元海軍兵たちに対する、終戦当時の多くの日本人の眼差《まなざ》しが、いかに冷たく厳しいものであったかが、この一文から容易に想像することができる。

まだ、20歳ほどの若い元海軍兵、秋元らが涙を流しながら、「戦争に負けて申し訳ありません……」と頭を下げるほど、当時の多くの日本人の対応は、元軍人たちに対し、冷酷だったのだ。

また、『あゝ復員船』の証言のなかで、戦後、「海防艦215号」で復員業務に就《つ》き、その後、「海防艦76号」で掃海作業にも従事した元海軍兵、岩崎徹が、こう語っている。

《戦に敗れた我々の身の上には、ありとあらゆる非難、罵詈雑言が浴びせられた。それはいささかの遠慮もなく集中した》と。

岩崎は海防艦の甲板の上から海を眺めながら、こんな感慨にふけっていたという。

《幾万の将兵が野の果てに、そして海中深く眠っている。彼らに対してひとかけらの感謝の気持ちもなく、大衆の心から消え去ってしまっていた。大衆は時の権力者に迎合し味方になることによって、身の安全を保持してゆくものであろうか》

さらに、岩崎の嘆きの声は、こう続く。

《歴史の転換期はこうも無残なものであろうか。大衆のこの生き方が移りゆく世に処する最善の生き

方、というのであろうか》

海軍通信学校を卒業し、通信兵として空母「鳳翔」に配属された山本重光。同じく、終戦末期、海軍経理学校を卒業し、主計科員として軍艦などに配属された秋元たち「珊瑚会」のメンバーは、終戦当時、皆、まだ、18、19歳の若さだった。

家族、国民、国のために――と、軍人となって戦っていた若者たちが終戦後、「最後の国のご奉公を……」と、軍人という職を解かれた後も、帰郷せずに、自分の将来、第二の人生についても考慮せず、選んだ道が、復員船や掃海艇での仕事だったのだ。

その任務の間。周りの国民に対し、常に元軍人としての負い目を感じながら、誰に誇ることもせず、威張《いば》らず、謙虚に、国の復興のために自身の人生を犠牲にし、身をすり減らしながら、困難な任務と向き合っていた、日本の若者たちがいた。

彼らは、戦後を生きるなかで、誰にも理解してもらえない哀しみ、空《むな》しさを感じることはなかっただろうか……。

戦後、山本や「珊瑚会」のメンバーたち、若い元日本海軍兵たちが、命を懸けて従事した復員活動という功績への関心は、この国で一気に薄れ、〝海霧〟に覆われながら、その〝苦難の史実〟は、歴史の波にのまれ、今、消え入る寸前に陥《おちい》っている。

1922年、日本初の空母として竣工した当時の「鳳翔」

第一章

凪（なぎ）――日本海軍の最期――

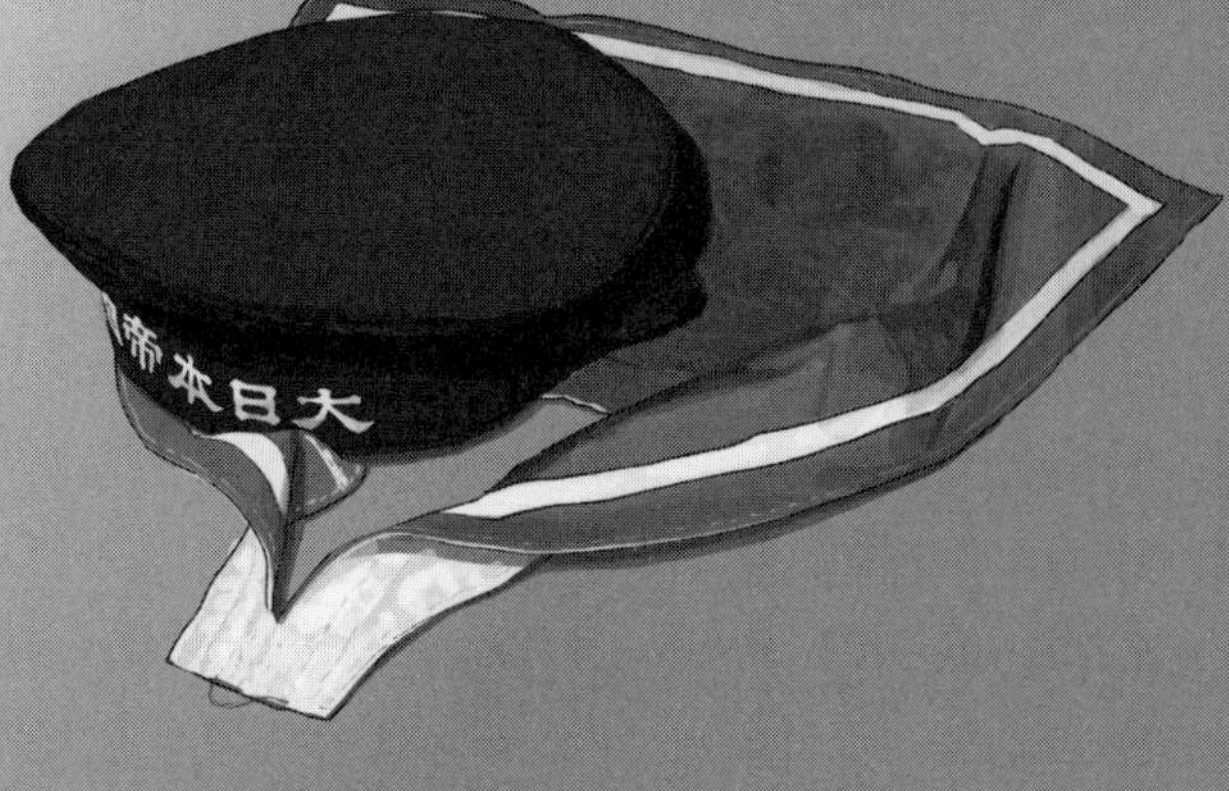

第二次世界大戦の終わりを告げる玉音《ぎょくおん》放送を山本重光は、広島・呉軍港内の空母「鳳翔」の通信室で聞いていた。

「鳳翔」が停泊する呉海上も、山本たち乗組員の心のなかも……。

この瞬間《とき》。時間も記憶も、すべてが止まってしまったかのようだったという。

風はやみ、波は消え、海面は静まり返っていた。すべてが、「凪《なぎ》」の状態にあった……。

玉音放送

『堪えがたきを堪え……、
　忍びがたきを忍び……』

１９４５（昭和20）年8月15日、正午。

山本重光は、広島・呉の軍港で、また、いつ始まりかねない米軍艦載機の空襲に備えるなど、依然、極度の戦闘状態の緊張感のなかで待機していた。

だが、この日、正午過ぎ。

空母「鳳翔」艦内の通信室で、東京から流れてくる玉音放送を聞きながら、この緊張感が一気に崩れ去ってゆくのを感じた。

途切れとぎれに聞こえてくる、その内容は、連合国軍に対する日本の無条件降伏を伝えていた。

「本当に、日本は戦争に負けてしまったのだろうか？　内容は、そのように聞こえるが、とても信じられない……」

ただ、呆然と聞いていた。

「そんなはずはない。まだ、信じるわけにはいかないぞ……」

山本は、いまだ半信半疑で、その放送に耳をそばだてていたという。

「先月末の呉軍港大空襲の後も、多くの海軍兵たちが、ここ呉の海軍の基地に残っていました。もちろん、この空襲を無事、くぐり抜けた『鳳翔』の乗組員たちは、皆、艦内で待機していました」

米軍による日本本土への激しい空襲は続いていた。

8月6日には広島へ、9日には長崎に原爆が投下されていた。

「どうも、新型爆弾だったようだ……」

空母に乗る海軍兵たちでさえ、まだ、それぐらいの情報しか知らされていない混乱した状況にあった。

「次はどの都市に投下されるのだろうか？」

そんな不安にもさいなまれていた。

生き残った山本たち日本の海軍兵は、依然として臨戦態勢にあった。

だからこそ、「この残酷な事実を受け入れることができる乗組員など、この『鳳翔』の艦内には、ただの一人もいるはずがない……」そう思ったが、しだいに、この玉音放送の内容の全貌が伝わるにつれ、「鳳翔」の艦内に動揺が広がるのを、山本は感じ取っていた。

「これは、日本の全面降伏だ……」

「自分たちは、いったい、これからどうなってしまうのか……」

通信室を出た山本の目の前には、視線も定まらず、ただ、惚《ほう》けたような表情でうろつく者、うなだれて静かに涙を流す者……。

そんな、これまで見たことのない日本海軍兵たちの無残な姿があった。

山本自身、我を失っていたという。

「我々は皆、生きる正体を失ってしまったようでした」

玉音放送は流れつづけていたが、途中からは、もう、山本の耳に、その内容はいっさい、聞こえなくなっていた。

「ただ、戦争には負けたのだ……」という信じがたい残酷な現実だけが、時間とともに、重く、どんよりと胸にのしかかってきた。

焼かれた軍艦旗

『総員、飛行甲板に集合せよ！
総員、飛行甲板に集合せよ！』

玉音放送を、涙を流しながら聞いたあの日から、5日が過ぎていた。

1945(昭和20)年8月20日、夕方。

「玉音放送が流れた8月15日の後も、私たち海軍兵は『鳳翔』に残っていました。それまでと変わらずにね。だから、特別にあわてる者などはいませんでしたが……」

ただ、「総員招集!」という言葉に、乗員たちの間には、ただごとではない何かが始まるという、そんな緊張感が走るのを、山本は感じ取っていた。

「いったい、何の報告があるというのだろうか?」

それを言葉にする者はいないが、独特の重い空気が漂うなか、山本は駆け足で飛行甲板を目指し、駆け上がっていった。同僚とともに、幅が狭く、垂直に近い急な「鳳翔」の階段を、体をぶつけあいながら。


「古谷啓次艦長から直々に訓示があるようだ……」

すでに飛行甲板の上に整列していた周囲の乗組員たちが、こう、ささやく声が聞こえてきた。

「次々に集まってきた総員約800人(射撃要員など乗組員定員を超えていたとみられる)が、小走りで飛行甲板の上に整列していきました。皆、緊張した面持ちで。もちろん、私自身、不安でいっぱいでした……」

このときの光景は忘れない。

今でも山本は鮮明に思いだすことができると言う。

時刻は夕方の午後5時を過ぎようとしていた。

艦長の合図で、海軍伝統のラッパの音が甲板上にこだました。

その音に合わせ、マストに掲げられていた軍艦旗が、ゆっくりと降ろされていく……。

8月15日、玉音放送が流れた後も、「鳳翔」の軍艦旗は毎日、掲揚されていた。

だが、この日が「鳳翔」のマストにのぼる軍艦旗の〝最期の日〟だったということを、この瞬間、甲板に整列した海軍兵は知らされる。

手に白い手袋をはめた古谷艦長が、マストから降ろされ、ロープからはずされた軍艦旗を手にすると、乗員の顔を見渡すようにながめて一瞥《いちべつ》し、覚悟を固めたように、小さく静かにうなずいた。

そして、ゆっくりと、旗のふちに火をつけたのだった……。

800人の大号泣

古谷艦長が軍艦旗に火をつけた瞬間。

飛行甲板の上に並んだ約８００人の海軍兵たちが、全員、いっせいに敬礼をした。

そのとき、海軍兵たちの手が、空気を切り裂くように、〝ザッ〟という鋭く大きな音を響かせた。

山本も敬礼しながら、軍艦旗に放たれた火を凝視していた。

静かな甲板の上で、風に吹き飛ばされそうな、小さく消え入りそうな声が、ふと、山本の耳に聞こえてきた。

敬礼をしながら、歯をくいしばって、ただ立ちつくすしかない山本の耳に、今度は、確かに数人の上官たちのすすり泣く声が聞こえてきた。

山本には、その光景がすぐには理解できなかった。

信じられなかったのだ。

屈強で、常に冷静沈着な上官たちが、戦況でどんな劣勢にあっても、いっさい泣き言や弱音を吐かなかった、あの上官たちが、今、人目をはばからず、哀しみの感情をさらしている光景を、素直に受け入れることができなかったからだ。

このとき、山本は20歳。

上官といっても、皆、山本よりも数歳年上に過ぎない。まだ、24、25歳から30歳にもならない。

そんな若者たちばかりだった……。

ただ、若くても責任感は強く、皆、屈強だった。

皆が死を覚悟した、あの呉軍港空襲のときも、上官たちはいっさい取り乱すことなく、果敢に戦っていたではないか……。

やがて、すすり泣く声は、はっきりとした泣き声へと変わり、その声は、「鳳翔」の飛行甲板の上を伝播しながら、乗組員全員へ広がっていった。

「古谷艦長が旗につけた火は、あっという間に燃え上がり、軍艦旗は一瞬にして灰となり、甲板の上で風に舞いながら、呉の海の上へと吹き飛んでいきました……」

旗が消えてなくなる瞬間。

すすり泣く声は、大きく泣き叫ぶ、号泣へと変わった。

「ただの泣き声ではありませんでした。８００人の大号泣へと変わっていったのです。日本初の空母として『鳳翔』は、日露戦争以来の大激戦といわれた第一次上海事変から、第二次世界大戦の真珠湾攻撃、ミッドウェー海戦などにも参戦してきました。幾多もの海戦で戦いつづけ、その間、ずっとマストに掲げられていた、日本海軍の魂を宿した、その軍艦旗が今、目の前で、灰になって消え去ってしまったのです……」

そう語りながら、山本の目はみるみる真っ赤に充血していった。

当時の様子を語りながら、まざまざと、その光景が目の奥で蘇ったのだろうか。

「『鳳翔』の乗組員を支えつづけていた〝魂〟が灰になってしまったのです。私たち乗組員の心のよりどころが、これで失われてしまった。海軍兵士としての誇りも何もかも、すべてをなくしてしまったようでした……」

誇り高き日本海軍兵としての象徴。

そんな軍艦旗を自らの手で葬ることは、戦いに負けること以上の屈辱だったのかもしれない。

「いっせいに響く、うめき声は、甲板を震わすようでした。８００人の男たちの泣き叫ぶ号泣を、慟哭の声を、想像できるでしょうか……。私は生まれて初めて、悔しさと哀しさと空しさがこもった、こんな泣き声を聞いた。76年以上たった今も、私の耳の奥には、この号泣の声が焼き付き、頭の中から離れることがありません。今でも思いだす。とても拭い去ることなどできないのです……」

軍艦旗が焼却されると、続いて、「鳳翔」の艦首に取り付けられていた、日本海軍の象徴ともいえる「菊花」の紋章がはずされた。

このとき、山本は、目の前に突きつけられながらも、まだ半信半疑でいた、つらい現実を受け入れざるをえなかったという。

「日本海軍は、本当に、無条件降伏を受け入れてしまったのだ」と。

96歳の山本の赤く腫れた両目には、みるみるうちに涙がにじみ、あふれだし、やがてぼろぼろとこぼれ落ちた。

山本の両目の奥には、まざまざと、20歳のときに見た、筆舌しがたいつらい光景が、鮮明に蘇っていることがわかった。

「鳳翔」の甲板の上で見た、あの慟哭の光景が……。

しばらくたち、山本は気を落ち着かせると、静かに笑みを浮かべながら、毅然とこう続けた。

「この光景を現実に目の当たりにし、今も生きて、はっきりと話せる者は、もうこの世には自分ひとりしかいないと思います。自分以外に誰ひとり、この世には残ってはいないのではないかと……。だから、私には、このつらい話を、後世へと伝える役目、義務があるのだと思うのです」

涙声を押し殺し、胸の内に高まり、湧き起こった感情を静かにおさめながら、言葉を振り絞るようにして、山本は、その日見た光景を淡々と語りつづけた。

空母「鳳翔」の飛行甲板に集合した通信科第二分隊
（最前列左から３人目が山本重光）

第二章

回頭（かいとう）――空母から復員船へ――

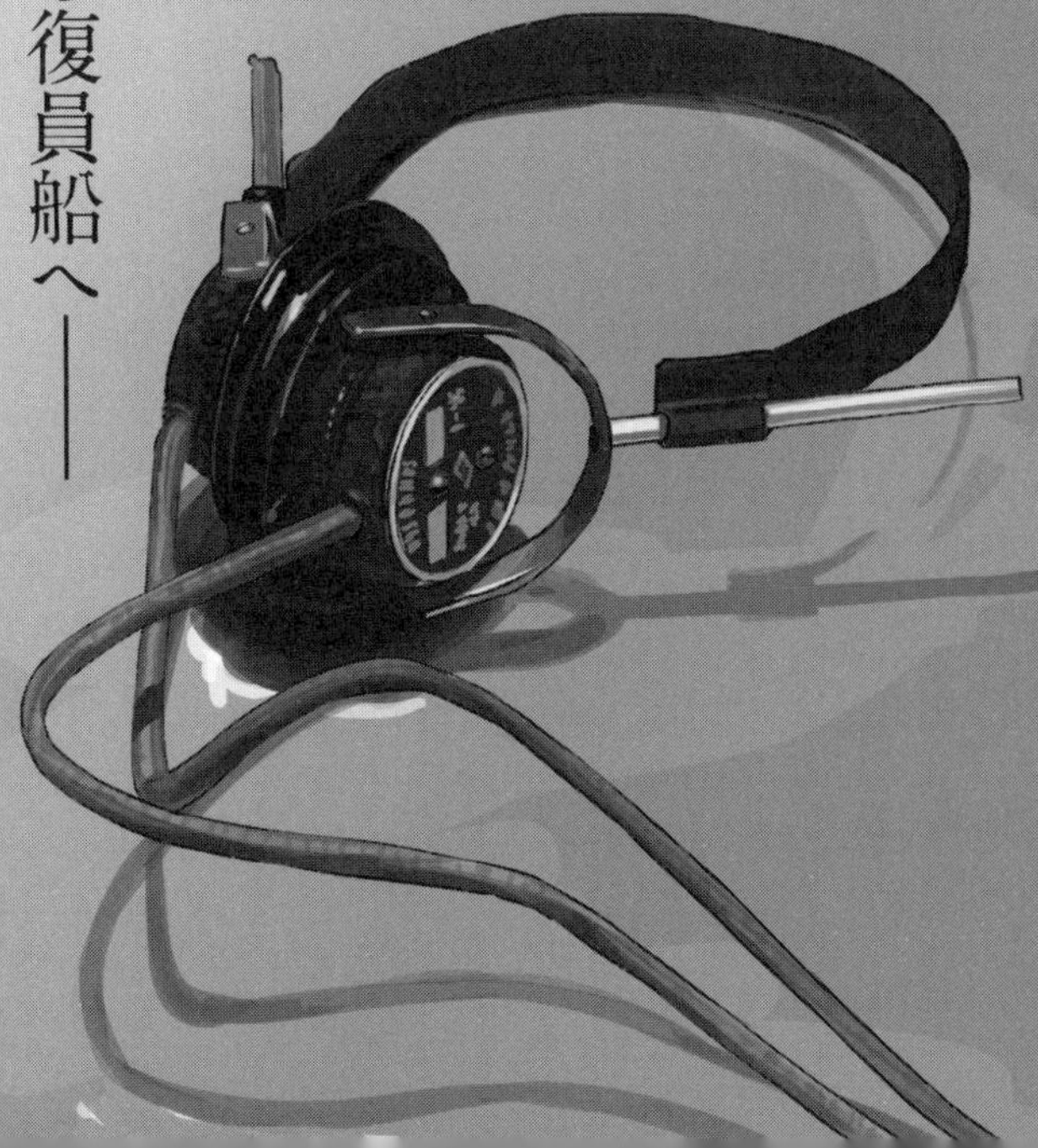

船舶が舵《かじ》を切って船首の向きを大きく変えることを「回頭《かいとう》」という。山本重光が乗艦する空母「鳳翔」は、幸いなことに、ほぼ無傷のままで終戦を迎えていた。

「鳳翔」は復員船として再出発するために、大きく舵を切り、空母から〝回頭〟した。戦うためではなく、日本への引揚者の命を救出するために……。

帰郷せず

戦争は終わった……。

「もう、私は軍人ではない」

山本重光は、広島・呉の軍港を離れ、故郷に帰ろうとは思わなかったのか？

「いえいえ、ただの一度も……。広島から三重県は遠かったですからね。当時は交通事情もよくなかったですし……。それに私の故郷は三重県といっても、実家はさらに、ずっと山奥にありましたから。帰郷は、そのときはまったく考えもしませんでしたね。それに、『鳳翔』の艦内には呉軍港空襲で負傷した兵隊たちがまだ大勢、残っていて、彼らの手当てをしたり、まだ残務処理もあったり、と、やることは少なくなかったですから……」

山本の故郷は、三重県の北西部に位置する伊賀市にあった。滋賀県、奈良県、京都府に接する三重県の中でも山深い、大自然に恵まれた里だ。

そこは〝伊賀流忍者の里〟とも呼ばれ、俳人、松尾芭蕉の生誕の地としても知られる。

隣接するのは滋賀県甲賀市。こちらは甲賀忍者発祥の地として知られる。

山本の実家は、伊賀市の市街地からさらに遠く離れた、急で険しい曲がりくねった坂道を、いくつも登った、さらに山の奥にあった。

「もちろん、故郷で待っている両親は心配でしたよ。山口県にある海軍の通信学校へ入校が決まって家を出るとき。別れ際に見た父と母の顔は、それまで見たことのない表情をしていたのです。母は哀しそうで、苦しそうで、別れがつらくて涙を流していました……。でも、父は違いました。毅然とした表情でした。じっと、私の目を見ながら、こう言ったのです。『しっかりと頑張って来い!』と。でも、哀しみを押し殺した目をしていました。父は幼い頃から、それはそれは怖い人でした。しかし、ただ怖いだけではなかった。強い優しさを感じたのです。やはり父は、昔の強い日本の男だと、このとき、改めて思い知らされました」

山本が、戦争が終わっても、すぐに故郷へ帰ろうとしなかったのは、この父の顔が目に焼き付き、その言葉が心に刻まれていたからかもしれない。

「戦争は終わった。でも、まだ、自分は日本のために頑張れることがある……。まだ、やれることがある。まだ、故郷へ帰るわけにはいかないのだ」と。

山本のように、海軍兵から復員船の乗組員となった元軍人は少なくないが、途中で船を降りたり、逃げだしたりする者も、また、少なくなかったということが取材を通じてわかった。

山本が復員船に乗りつづけたのは、この別れ際の父との約束が大きかったのでないかと、取材していて強く感じた。

父との約束を果たそう、と覚悟を決め、「日本のために自分の力が、まだ、必要とされるなら、簡単には『鳳翔』を降りないぞ」と、心身ともにつらかったはずの復員船活動を、途中で投げださずに続けていたのではないかと……。

戦争が終わり、呉の軍港では、自分の配属された軍艦が沈没したり、大破したりし、航行不能となったために、艦を降りることになった海軍兵たちが大勢いた。

また、基地にいた海軍兵も、残務処理を行う必要のない者は、上官から各自、帰宅を許されたという。

かつて、私が取材した元海軍の特攻隊員だった戦闘機パイロットは、鹿児島県にあった航空基地で終戦を迎え、上官から、こう命令されたという。

「基地の滑走路に駐機している、どの飛行機を使ってもいいから、各々、それに乗って実家へ帰ってくれ」と。

そう命じられ、このパイロットは基地の片隅に駐機していた一機の練習機を選び、「これを操縦して、故郷の大阪へ帰ろう」と決めた。

「練習機のコックピットの後ろに自分の荷物をまとめて積み込み、鹿児島の基地の滑走路から飛び発《た》ちました。途中、広島の基地で一度、給油し、燃料がなくなるぎりぎりまで飛んで、兵庫の農道に着陸しました。そこで機体を乗り捨てて、大阪市内の実家へ、列車に乗って帰ったのです」

こう話していた。

このパイロットは、第二次世界大戦末期、宮崎県東方沖合の日向灘《ひゅうがなだ》沖に集結していた米艦隊に特攻するために、通称「赤とんぼ」と呼ばれた「九三式中間練習機」に250キロ爆弾を搭載し、離陸合図を待っていた。しかしその途中、悪天候に急変したために、その日の特攻が中止となり、終戦を迎え、生き延びたのだ。

「出撃30分前」での特攻中止命令だったという。

戦争は終わった。陸、海の日本の軍人たちは、自由に生きる権利を手にしたのだ。

山本も、すぐにでも家族が待つ三重県伊賀市の故郷へ帰っても、よかったはずだったのだが……。

新たな使命

終戦から5日が過ぎた8月20日。

「鳳翔」の飛行甲板の上に全乗組員が集められ、古谷啓次艦長の手によって、軍艦旗が焼かれた。

この瞬間。「鳳翔」の乗組員たちは、海軍兵である任務を解かれていた。

それでも、まだ、山本のように、ほとんどの乗組員たちは「鳳翔」にとどまっていたという。

「皆、次の命令が出るまで艦に残る覚悟でしたね。誰も降りようとは考えていなかったはずです」

そう山本は振り返る。

そして、ついに新たな命令が下される。

この命令の一言一言を、山本は、今も鮮明に思いだすことができるという。

「長男は、このまま『鳳翔』を降りて、ただちに実家へ帰ってもよろしい。しかし、次男や三男は、この艦へ、とどまってほしい。我々は、これから世界の戦地に散らばり、残された軍人や民間人を救出に向かう！」

新たな命令は、復員輸送という、引揚者を迎えにいく特殊な任務だった。

「私たちは呉の海軍基地で終戦を迎えました。だが、世界の戦場に残された日本軍人の数は300万人以上、民間人の数は330万人以上いると聞かされていました。誰かが彼らを助けにいかなければならないことは、よくわかっていた。彼らを一刻も早く祖国へ帰還させることが我が国にとって一大事だったのですから。それにしても、この『鳳翔』が復員船になるのか……という驚きはありました」

驚いたのは、山本だけではなかっただろう。日本初の空母が、終戦直後、復員輸送という想像もしていなかった新たな任務を与えられ、復員船として復活するなど……。

生き残った日本の空母が復員船へ——。

こんな、〝アクロバチックな回頭〟を、いったい誰が想像できただろうか。

「次男、三男は、この船に残ってほしい……」

この上官からの命令、というよりは、上官からの、「どうか残ってほしい。助けてくれんか……」。

そんな懇願ともいえる〝依頼〟を受けて、このとき、次男だった山本は、なんと答えたのか？

「もちろん。私は復員船に残ります！」

上官へは、こう即答していた。

「上官の命令には忠実に従うまでです。私の心は、まだ、日本海軍の軍人のままでしたからね」

山本はそう振り返ると、快活に笑った。

ところで、「帰郷してもいい」と艦を降りることを許された、「鳳翔」の乗組員であり、かつ、長男だった元海軍兵たちは、皆、故郷へと帰ったのだろうか？

「いえいえ。いくら長男であろうとも……。もちろん、帰った人も多かったとは思いますが、残った人もまた、数多くいましたよ。やはり、みんなの心には、まだ、自分は日本海軍の軍人だ……。そんな魂が宿っていたのだと思いますよ。自分たちが助けにいかなければ、せっかく、戦死せずに戦場で助かった同胞たちの命を救うことができない。誰かが助けにいかねばならない。残ることを決めた『鳳翔』の乗組員は、誰もが、そんな思いに駆られていたのです」

復員船となった「鳳翔」には、通信兵の山本たち元日本海軍の若き兵士たち約280人が残った。

復員船への大改造

空母「鳳翔」では、ただちに復員船として再出発するための大改造が始まった。

日本海軍は、「鳳翔」のように残存する軍艦を復員船として使用することに決めたが、当然のように戦勝国・米軍により、武装解除を命じられた。

軍艦の状態のままでの使用は、許されなかったのだ。

日本のすべての軍艦から大砲や魚雷発射管、対空機関銃などの武器はもちろん、砲弾や魚雷などの弾薬……。戦うための装備はすべて取り払われていった。

「鳳翔」では、25ミリ連装対空機関銃4基（8挺）などの武装が取りはずされ、弾薬庫も空にされた。

また、艦載機の離発着の際の滑走距離を伸ばすために、1944（昭和19）年に、飛行甲板が増設され、延長されていたが、これも撤去された。

復員船として稼働するためには、もう必要とされなくなっていたからだ。

第二次世界大戦末期、小型で旧型の空母だったため、「鳳翔」の飛行甲板からは新型艦載機の発艦ができなくなっていた。

そのため、「鳳翔」は艦載機パイロットらの着艦訓練用の空母に指定された。

つまり、実戦用ではなく、訓練用の空母として、艦載機の発艦や着艦に対応するために飛行甲板の増設工事が行われていたのだ。

この〝増築〟によって、「鳳翔」の全長は180メートルを超えていた。

だが、この飛行甲板の延長の結果、「鳳翔」が本来、持っていた船体としての復元性は劣化してしまい、外洋での長期の航行ができなくなっていたのだ。

これから復員船として、南洋の島々などへ遠洋航海に臨む「鳳翔」には、復元力を取り戻すために、また、引揚者をより速く運ぶための航行速度のアップ、さらに、安全性や機能性の向上も求められていた。

その大改修の工程は、まるで、一度、現役から引退したベテランのボクサーが、再びリングに呼び戻され、世界タイトルマッチに挑むために、減量し、ぜい肉をそぎ落とし、スタミナを取り戻す……。そんな姿を彷彿《ほうふつ》とさせる。

米空襲などでも奇跡的に被弾せず、終戦直後に撮影された「鳳翔」

〝ロートルのボクサー〟「鳳翔」はリターンマッチに臨むように、こうして竣工当時の全長約170メートルのスリムな船体へ戻されることになった。

後に、この〝減量〟によって取り戻した高い復元力、機敏な機動力が、南洋で遭遇する〝強敵〟に立ち向かう最大の武器となることを、山本は身をもって知らされる……。

「江田島の島民、みんなが力を合わせて擬装してくれた網や木々、葉なども取り払われ、対空機関銃などの武装をはずし、武器弾薬庫もすっかり空にされて……。みるみるうちに『鳳翔』は、その姿を変えていきました」

山本は、空母から復員船へと変貌を遂げていく「鳳翔」を見ながら、これから始まる復員活動に、不安を抱えながらも胸を躍らせていた。

「これから我々は、空母の乗組員ではなく、復員船の乗組員になるのだ……。毎日、姿を変貌させていく『鳳翔』を見ていて、自然とそんな気持ちへと切り替わっていくことを実感しました」

米軍が呉軍港空襲でも沈めることができなかった奇跡の空母「鳳翔」は、〝日本最大級の復員船〟となるための使命を帯びて、生まれ変わっていった。

増設された飛行甲板や武装などを撤去するだけでなかった。広げられるだけ広げられた艦内のスペースは、ほぼすべて人員輸送のための居住区へと作り変えられていったのだ。

日本から遠く離れた南洋の島々への往復期間は数週間以上、ときには一カ月以上にも及ぶ。

その長期間、兵士や一般市民、乗組員たちが生活するための寝床（ベッドやハンモック）や風呂に厨房、食糧庫など生活のための設備が、突貫工事で次々と作られていった。

また、数千人が使うことになる仮設トイレは舷側に増設された。

戦闘機や偵察機など艦載機を格納していた「鳳翔」の巨大な格納庫は、「できる限り大勢の引揚者を運びたい」復員船としては、かっこうの理想的なスペースとして有効利用された。

「鳳翔」の船体の前部には、戦闘機用の格納庫が、後部には攻撃機用の格納庫があった。

この二つの格納庫には、それぞれ三段の仕切りが設けられ、三階建ての居住区が作られた。そこに仮設のベッドが次々と作られ、復員兵や民間人が就寝するための寝床が急ごしらえで設置されていった。

「戦時中は、艦載機を載せるための空母ですからね。『鳳翔』の格納庫の天井は、とても高かった。だから、できるだけ大勢の引揚者を乗せるために、格納庫を複数段に仕切って居住スペースを増やしたり、寝るための場所を確保するために仮設のベッドを何段にも組み上げたり……。これで一度に約3千人以上もの兵隊や民間人たちを乗せて、日本へ帰還させることができる。〝超巨大な復員船〟が完成したのです」

山本は、当時を思いだすように、こう語った。

1945（昭和20）年9月20日。

「鳳翔」の艦長は、古谷艦長に代わって、新たに金谷国三艦長が就任した。30代目となる艦長だった。

金谷艦長の肩書は海軍大佐で、新たに発足した第二復員省に所属する「第二復員官」という肩書もつけられていた。

この、「30代」という数字が、軍艦として誕生した「鳳翔」が、いかに長い戦争の歴史を戦い、生き抜いてきたかを物語る。

海軍二等兵曹だった山本も、このとき「第二復員省」に所属。階級は「第二復員官補」となった。

特筆すべきは、「鳳翔」が復員船として始動するための改修工事が、当時、いかに急ピッチで進められていたかだ。

1945（昭和20）年10月5日、「鳳翔」は艦籍から除籍され、正式に復員船として生まれ変わるのだが、驚くべきことに、まだ終戦の日から2カ月も経過していない。

空襲で多くの軍人や技術者たちを失い、十分な人手も物資も残されていない戦後の混乱期に、この短期間で、甲板の撤去など艦艇の大改修の工事が行われ、さらに、引揚者を運ぶための新たな装備を搭載する工事も並行して行われていたのだ。

「一刻も早く、戦地に残された同胞を救出しよう……」

終戦直後に、こんな強い気概を持ち、不眠不休で復員活動のために奮闘していた海軍兵士や民間の労働者たちが日本にいたのだ。

敗戦の虚無感や哀しみにうちひしがれることなく、ただ、同胞の命を救いだすために……と、力をふりしぼって立ち上がり、汗を流していた、そんな当時の日本人のたくましい姿が目に浮かぶ。

遠洋航海への旅立ちの日が近づくにつれ、いよいよ物資の搭載も開始された。

「引揚者たちのための数千人分の食料に水、そして毛布やゴザなどの日用品が、甲板の上に次から次へと積み上げられていったのです」

ついに、山本たちが乗る復員船「鳳翔」による復員活動が始まろうとしていた……。

自決を覚悟した艦も

終戦直後。沈没や大破せずに残っていた他の日本海軍の軍艦の艦内では、どんな状況だったのだろうか？

『あゝ復員船』では、駆逐艦「欅《けやき》」の艦内で、8月15日の玉音放送を聞いた元海軍兵、八木弘の証言がこう綴られている。

《玉音放送を聞き、艦内は何をしたらよいのか絶望感と空しさが混沌として渦巻いた。放心状態から立ち直ったのはその夜遅くであった。士官室では、「突っ込むべし」「いやそれでは兵員がかわいそうだ」などの議論が白熱化した。そして深夜、士官室若手は「自決すべし」との結論を出した》

自決を覚悟した八木は翌16日、停泊中の神戸の焼け野原に降り立ち、写真館を探し、軍装を着用して〝最後〟の記念写真を撮ったという。

そして翌17日。自決決行の日。艦長と機関長は、八木ら若手の士官たちを必死で説得し、自決を思いとどまらせたという。

8月末になって、軍艦旗を降ろした「欅」から、乗員たちが次々と下船していった。

山本が語るように、「欅」でも「鳳翔」と同じく、長男を優先させて復員させていったという。その結果、総員約300人のうち、次男や三男ら約170人が艦に残った。

《呉で砲塔、魚雷発射管その他を撤去し、復員輸送のための艦内改造工事を急いで終わり、ここに、生死をかけた駆逐艦「欅」は、特別輸送艦「欅」として再生した》

自決を覚悟した八木たち「欅」の若手士官は、艦長らの説得によって、「一度捨てた命を復員船に懸けてみよう」と決意を新たにしたのだった。

復員船「欅」は10月末、マニラへ向けて出港する。

他にも自決を覚悟した艦はあった。

5年前、平成最後の夏。

2018年、ベテランのノンフィクションライター、足立倫行が戦史に関するこんなコラムを発表している。

「WEDGE INFINITY」のWEB版で、タイトルは「帝国海軍青年の戦後、平成最後の夏に偲《しの》んだこと」。

元日本海軍士官で、戦後、復員船に乗っていた経験を持つ父親について書かれている。

足立の父は海軍兵学校を卒業後、1943(昭和18)年9月から終戦まで戦争に参加していた。

《戦争が終わっても新妻(私の母)の待つ境港の実家には戻らず、およそ1年間復員輸送に携わった。

その理由を、知りたいと思っていたのである》

足立の父は、自分が携わった復員活動について、著名なノンフィクション作家である息子にさえ、亡くなるまで、多くを語っていなかったことがわかる。

足立は、父が亡くなる直前。「自分史」を書くよう、父に勧めていたという。

《今年の8月15日には、亡父が遺した『自分史』をひもといてみた。以前から気になっていた箇所があったからだ。

1945（昭和20）年10月から翌年10月までの1年間、「終戦」直後の父の経歴である。私の生まれる3年前のことだ》

足立は、父が戦後の1年間、復員船に改造された駆逐艦「夏月《なつづき》」に乗って復員活動を行っていたことを知る。

終戦直後の9月、呉港で駆逐艦「夏月」を復員船へと変えるための大改修が始まったという。父が、ずっとその工事に付き添っていたという事実から、足立は、父は「たぶん希望して、復員官になったと思われる」と書いている。

父は、なぜ、妻が帰りを待っている境港へ戻らずに、戦後、そのまま復員官となったのか？

結局、その理由は「自分史」のなかに書かれていなかったという。

ただ、「復員船の乗組員の側にも屈折し錯綜した思いがあったことを、今回私は知った」と足立は綴っている。

足立の父は航海長として、復員船となった「夏月」に乗船していた。

マニラに航海した際、現地人が乗る十数隻の船に取り囲まれ、「ジャパン、バカヤロー」と罵詈雑言を浴びせられ、石ころやボルトなどを投げつけられたこともあった……と自分史のなかに綴られていたという。

いったい、なぜ、足立の父は復員活動をしていたという事実について、生前、家族にさえ、多くを語らなかったのだろうか。

そこには、やはり、この史実を覆おうとしていた当時の風潮が、元復員官という事実を明らかにすることを良しとせず、何十年たっても、迷い、ためらわせる障壁となっていたことが想像できる。

ずっと国に裏切られたと思い、恨みを抱きつづけた引揚者たちが多かったという事実。そして、足立が、復員官だった父の内面に迫り、コラムのなかで書き記しているように、「復員船の乗組員の側にも屈折し錯綜した思いがあった」のではないか、という事実。

敗戦国である日本人の心を暗く覆い尽くし、心を閉ざすことが当たり前のようになってしまった世の中で、復員活動にまつわる、これら負の意識、感覚が連鎖しながら蔓延した結果、終戦後も故郷へ帰ることなく軍艦に乗りつづけ、同胞の日本人を救出していた山本重光や、『あゝ復員船』へ手記を寄稿している海軍経理局の元海軍兵、そして足立の父らの声に、知らず知らずのうちに、多くの日本人は耳をふさぎつづけてきたのではないか。

耳を傾けることさえ、拒みつづけてきたのではないか……。

足立は、父の残した「自分史」のなかから、父が「復員官となった理由」については、ついにわからなかったと書いているが、すべてを読んだ後に、こう理解したともいう。

《玉音放送を聞いた直後は激情に駆られ「ウラジオストックに突っ込みましょう！」と艦長に迫った父だが、軽挙妄動をたしなめられ反省した後は、「新しい国を作るために自分も役立ちたい」と考え直したはずだ》と。

特攻をあきらめ、復員船に乗ると決めた父が未来へ託した希望を、平成最後の夏、書き残しておきたい……。足立は、そんな思いに駆られたのではないだろうか。

軽んじられた人道支援

終戦当時、日本海軍には、山本たち海軍兵が残って、そのまま乗船することになった空母「鳳翔」など、復員船として使用可能な艦艇が計132隻しか残っていなかった。

一度に数千人を運ぶことのできる輸送力の高い空母は2隻のみ。「鳳翔」（公試排水量約1万5000トン）と「葛城《かつらぎ》」（公試排水量約2万1000トン）を筆頭に、大型船と呼べる巡洋艦も3隻のみ。

呉軍港空襲で中破したが、航行可能だった巡洋艦「八雲《やくも》」（基準排水量約9千700トン）、それに舞鶴・宮津空襲を無傷でしのいだ練習巡洋艦「鹿島《かしま》」（公試排水量6千300トン）と軽巡洋艦「酒匂《さかわ》」（公試排水量約7千900トン）の3隻しかなく、しかも、「八雲」は旧式で老朽化が激しく、遠洋航海には向かず、近距離用の輸送でしか使えなかった。

132隻の軍艦のうち、ほとんどが駆逐艦や海防艦などで、引揚者を、ぎゅうぎゅうに詰め込んでも、一度に数百人をようやく運べる小さな艦ばかりだった。

海軍は、さっそくＧＨＱに対し、これら日本の軍艦の復員船への転用を求め、ＧＨＱも、これを許可した。

さらに、これら13隻の軍艦に加え、航行可能だった民間船舶、計55隻が復員船へ転用されることとなった。

戦争によって民間の商船なども数多く沈められていた。戦後、復員のために航行可能な輸送船などは、この数が限界だったという。

しかし、世界にとり残された日本の兵士や民間人らの数は約６６０万人にも及んでいた。

この数は、実に当時の日本の総人口の約１割にも達した。また、当時のオーストラリア大陸の人口に、ほぼ匹敵するともいわれた。この膨大な数の日本人の輸送は、これだけの船舶の数では十分とはいえず、まだまだ足りるはずもなかった。

そこで、日本政府は、終戦後も航行可能な状態で残っていたタンカーや輸送船などの民間船舶を、復員船へ転用する許可を、ＧＨＱに求めた。だが、マッカーサーは、この要請に対し、首を縦に振らなかったという。

《日本軍は武装解除後に各自の家庭に復帰する》

米国が主導して起草した「ポツダム宣言」の第９項には、しっかりと、こう明記されているというのに……。

つまり「復員という人道的支援」を、連合国軍は重視していなかったのだ。

困り果てた日本政府は、マッカーサーに対し、米船舶の貸与を求めた。

当初、マッカーサーは、この要請も渋っていたというが、1945（昭和20）年末になって、ようやく米軍のリバティ船と呼ばれる輸送船を約100隻、戦車や兵隊を運ぶために作られたLST（LANDING SHIP TANK＝戦車揚陸艦）輸送船を85隻、また、このLST輸送艦を改造した病院船を6隻。合計191隻の貸与を決定したという。

米国側が一転して態度を変えたのは、旧満洲をめぐる中国との事情の変化とされている。だぶついた輸送船を急きょ日本へ貸与することに決めたのだ。

また、米国が突然、態度を変えた理由の背景には、ソ連（現ロシア）との緊張関係が影響していたといわれている。

ポツダム宣言第9条を無視し、日本軍の捕虜を終戦後も日本へ返還せず、強制労働させていたソ連（現ロシア）に対し、人道的な国家であることを世界へ向けて示す必要に迫られていたからだ。

米国など連合国軍は、日本海軍を解体した後、復員船に転用された軍艦などを管理する新たな機関として「日本商船管理局」を設立した。

その目的は3つあった。

1つ目は、日本が運航する総トン数100トンを超えるすべての船舶を管理すること。

2つ目は、米から貸与された船舶を、日本人乗組員の手で、復員船として使用できるようにすること。

3つ目は、日本の軍人を送還する手段を講じること。

米国から復員船用として借りたリバティ船などの輸送船は、日本人の手によって運航しなければならなかった。

マッカーサーは、復員船を動かすために必要な米国人船員までを貸してはくれなかったのだ。

日本海軍の軍艦は、「鳳翔」の通信兵、山本のように元海軍兵がそのまま残って乗員となり運航することが多かったが、米からの貸与船の乗員は、一般公募で集められた。

そこには、乗船していた軍艦を失った元海軍兵のほか、民間の元船乗りたちも集められていたという。

主に、戦争中に徴用された輸送船の元乗員たちが中心となり、航行することになったのだが、改めて、米船舶の操舵に慣れるための訓練期間が必要だった。

こんな事情を鑑《かんが》みても、山本ら元海軍軍人たちで動かす「鳳翔」が、復員船として、先陣を切って南洋へと出発せざるをえない切迫した実情を知ることができる。

戦後の混乱期。こうした四面楚歌のような状況で、日本の復員活動は始まった。

復員船として期待できる本格的な機動力を備えた軍艦はわずかしか残されていない。前甲板が撤去されたとはいえ、全長約170メートルの「鳳翔」は、復員船のなかでも最大級を誇り、航続距離も長く、収容人員も3千人を超える。

何よりも、元空母「鳳翔」を動かすための乗組員を新たに養成する必要はない。元通信員、山本のように、そのまま復員船「鳳翔」に残ってくれた日本海軍の軍人たちがいたのだから。

もう一隻の空母

戦後、復員船となった空母が「鳳翔」のほかに、もう一隻。

呉軍港空襲を「鳳翔」とともに生き抜いた「葛城」だ。

全長は「鳳翔」を上回り、約230メートル。公試排水量も唯一、2万トンを超え、民間船や米国から貸与された軍艦などすべての復員船のなかでも、最大級の大きさを誇った。

この、元空母「葛城」の軍艦としての運命も、また「鳳翔」と同様、数奇な経緯をたどってきた。

戦艦「大和」の沖縄突入作戦の際、当初、「囮艦《おとり》」として出撃することを検討されていたのが、この「葛城」だった。

実際には「大和」に随伴することはなく温存されるのだが、この沖縄突入作戦では、旗艦の「大和」をはじめ軽巡洋艦、駆逐艦など計6隻が沈没。約4千人もの海軍兵士が戦死した。

片道燃料だけを搭載し、沖縄へ向かったといわれる戦いは、日本帝国海軍が敢行した最後の大型水上艦による海戦といわれた。もう日本には大型艦船を機動させる燃料は残っておらず、空母として「葛城」が出撃する機会は、この戦いで奪われたのだった。

7月28日の呉軍港空襲では、「鳳翔」と同じように、飛行甲板の上に木々や葉っぱなどで覆い、外観をまるで島のように偽装したが、米軍機の空爆に遭い、飛行甲板に2発の直撃弾を受ける。この被弾で、死傷者25人が出た。

だが「葛城」は、前部甲板の一部が吹き飛ばされたものの、致命傷には至らず、航行可能な復員船としての道が残されたのだった。

また、「葛城」の対岸に、「鳳翔」とともに繋留されていた空母「龍鳳《りゅうほう》」は、空襲による損傷が激しく、復員船に指定されることはなく、そのまま退艦。1946（昭和21）年、呉工廠で解体された。

「鳳翔」とともに呉軍港空襲という戦禍を奇跡的に潜《くぐ》り抜け、復員船に指定された「葛城」ではあったが、その復員活動をスタートするまでの道のりは険しく、前途多難だったことが、『あゝ復員船』のなかで綴られている。

まず、艦を運転するために必要な「機関取扱説明書」や「運転諸元帳」などが、「敗戦処理」を理由に、すべて焼却処分されていたため、艦の操縦法が誰にもわからなかったという。

そこで、「何か参考になる書類を探そう」と、艦を艤装した呉工廠へと向かったが、ここでも関係書類はすべて焼却された後で、機関運転のためのマニュアルなどは何ひとつ残っていなかったという。

ふと、港を眺めると、「赤腹を出して横転している」空母「天城」の姿があった。

呉軍港空襲で、山本が「鳳翔」の舷窓から見た、米軍艦載機による直撃弾を何発も受け、横倒しになりながら沈んでいった、「天城」だった。

「天城」は「葛城」の姉妹艦である。艦の構造や機関も似ており、操縦方法なども近い。

「ひょっとしたら、まだこの船体のどこかに操縦マニュアルなどの書類が残されているのではないか?」

その日、干潮になるのを待ち、「葛城」の元乗員の1人がロープを体にくくりつけ、横向きになったままの「天城」の艦内へ上から侵入。防毒マスクをつけて、毒ガスを警戒しながら、艦内を捜索していった。

くまなく艦内を探した結果、焼却処分されずに残っていた「運転標準表」という操縦マニュアルの一部を、ようやく見つけだすことができた。

しかし、まだまだ困難な作業は残されていた。

巨大な空母を動かすためには新たな乗員の確保、そして復員活動で重要な任務を担うことになる軍医の確保。いずれも人員の確保は困難を極めた。

一方で朗報もあった。自ら志願してきた軍医たちも少なくなかったのだ。

この志願兵の軍医のなかには、結婚間近の若者もいた。

若い軍医は、親族たちから、「戦争がすんだというのに、今さらラバウルなんかへいかなくてよいものを」「せめて結婚式だけでも挙げてから行ってくれんか」と懇願されたという。

しかし、彼は毅然と、こう突っぱねた。

「南の島へ行くのが、いかんというのなら婚約は解消してくれ。南の島へ残っている戦友を迎えにいくのが私の義務だ」と断固として主張。「葛城」への乗船の意志を貫いたのだ。

この強固な思いに、親族たちも、引き止めることをあきらめた。

この軍医は、「三々九度の盃」だけをすませると、故郷へ花嫁を残し、呉港で出港準備をしていた「葛城」へ乗り込んだ。

終戦直後の混乱期、復員船の軍医の確保が、いかに大変だったかについては、ノンフィクション『最前線の医師魂　空母から復員船へ 若き軍医の手記』（光人社）のなかでも詳細に綴られている。

著者の加畑豊《かはたゆたか》は、元海軍の軍医として空母「隼鷹《じゅんよう》」に乗り込み、戦後は復員船「早崎丸」の医務長として乗船し、シンガポールなどを回った。

そのなかで、加畑が復員船の医務長になる経緯が明かされている。

《「兄が予備軍医として、陸軍に招集されて、もう五年になるが、終戦後何の連絡もない。戦後の手紙では、シンガポールの陸軍病院に配属されていたらしいが、詳しい消息を知りたい。それができないなら、そこへ行く方法を教えてもらいたい」》
こう書いた手紙を第二復員局へ送ったところ、すぐに書留でこんな指令書が送られてきた。
「予備役を解除し、第二復員局事務官に任ず。速やかに船舶運輸部に出頭されたい」
元海軍兵の日本への引揚を担当していた第二復員局では、復員船に乗船してもらう軍医を必死で探していたのだ。
《考えるまでもなく、陸・海・空すべて占領軍に掌握されている現在、復員船以外に外地に行く方策はない。私の腹はもう定まっていた》
さすがは元海軍軍人である。
加畑はこの命令に素直に従った。だが、一方で、こんな不安も抱えていたのだ。
《復員船の行く先はみな敵地であり、また海賊船が出没し、そのまま拉致されることもある、などと実《まこと》しやかな噂もある。ある程度の危険は覚悟しなければならない》
加畑が、医務長として乗船した「早崎丸」は元海軍特務艦。食糧補給船を復員船へ改造した1千トンクラスの中型船だった。
《とにかく、叩いたドアが開かれたのだ。進むしかない。かりに、兄に会う目的が夢に終わったとしても、人生には無駄はないはずだ》

加畑も、半《なか》ば志願して「鳳翔」に乗り込んだ山本重光と同様に、まだ20代になったばかりの若者。復員船の乗務に、使命感を燃やし、青春を捧げた一人だった。

加畑が、この書で綴っている復員船の「船内事情」も興味深い。

《大体海軍では、大きな船ほど規律は厳しく、服装もキチンとしているが、船が小さくなるにつれ、万事ずぼらになる傾向があった》

さらにこう続ける。

《空母や戦艦、巡洋艦をA級とすれば、駆逐艦や潜水艦はB級、掃海艇、水雷艇になるとC級だ。この船は一〇〇〇トンだからB級に属する》

「早崎丸」に着任した加畑は、船長（岩佐少佐）から乗組員を紹介され、こんな感想を吐露している。

《いずれも柄《がら》の悪い連中であった。略帽を阿弥陀に被っている者もあれば、帽子のない者もいる。なかには長髪の髭面《ひげづら》も混じっていた》

この加畑の説明からもわかるように、山本が乗っていた空母「鳳翔」は最大クラスのA級。「艦内の規律も他の軍艦とは比較にならないほど厳しく、空母乗り独特の意地とプライドを持っていた」と山本は言う。

「海兵のモットーは、1にスマートで、2に目先が利《き》いて、3に几帳面《きちょうめん》。負けじ魂、これぞ船乗り！」

山本は、日本海軍兵が備えていたこのモットーは、復員船の乗組員になってからも変わることはなかったという。

「機敏で洗練され無駄がなく、明朗でユーモアを備え、先見の明を持ち、整理整頓され、責任観念は旺盛であれ……。この海軍魂は不変でしたよ」

山本の覚悟は、復員船の乗組員となってからも変わることはなかった。

手負いの空母

当時、日本が所有したすべての復員船のなかでも「葛城」は、「鳳翔」をしのぎ、最大の大きさを誇っていた。

全長は200メートル以上あり、全長約170メートルの「鳳翔」よりも、さらに一回り大きかった。排水量も約2倍あり、一度に運べる収容人員の数も、4千〜5千人と最も多かった。

速力もあり、機動力は高く、「鳳翔」とともに、主に南洋の島々など遠距離の航行に駆りだされ、活躍した。

ただ、ほぼ〝無傷〟のまま終戦を迎えた「鳳翔」と違い、呉軍港空襲の際に、甲板の一部が爆弾で吹き飛ばされていた。吹き飛んだ周囲の甲板も爆風で盛り上がったままの状態だったが、修復工事は間に合わず、頭上から甲板が落ちてこないよう、つっかえ棒で応急処置をしただけの状態で「葛城」は復員活動を続けていた。

そんな痛々しい姿のまま、復員船として洋上を航行中の「葛城」の写真が残っている。船体側面には、ローマ字の「KATSURAGI」の文字。そして艦橋の前部の船体側面には、くっきりと日の丸の国旗が描かれている。

航続距離の長かった「葛城」は、「鳳翔」と同じように遠洋航海用の復員船として活躍することになる。

第二次世界大戦末期。空母としての機動力を失い、島の一部となるよう擬装され、米軍機を迎撃するための砲台となった「鳳翔」と「葛城」が、戦後、最も遠方まで航行し、日本兵を救出するための復員船となって奮闘、最後まで日本海軍の現役艦として職務をまっとうするのだ。

第二次世界大戦の後、復員船として稼働できた空母は2隻のみだった。

1隻は日本初の空母として完成した「鳳翔」。そして、残るもう1隻が、日本海軍最後の空母として完成した、この「葛城」だった。

復員活動。この、祖国・日本に対して行おうとした〝日本海軍最後の奉公〟ともいえる任務を、「鳳翔」、そして「葛城」の新旧両艦の空母が、まっとうしようと南洋の戦地跡へと繰りだしていった事実も、やはり数奇な運命というものを感じさせる……。

「鳳翔」とともに復員船として生まれ変わった空母「葛城」

第三章 抜錨（ばつびょう）――錨を上げろ――

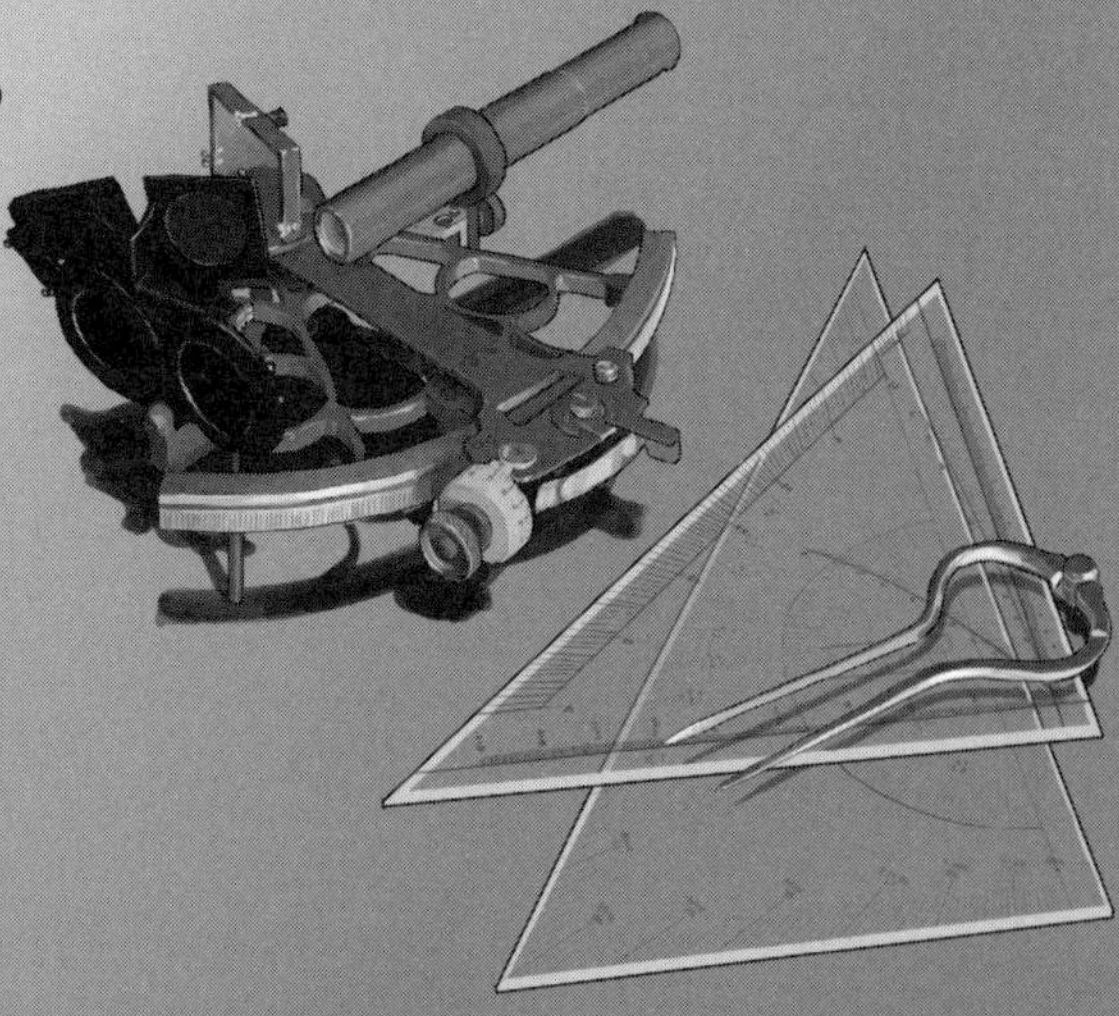

海底へと降ろした艦の錨《いかり》を引き上げることを航海用語で「抜錨《ばつびょう》」という。束《つか》の間の眠りから覚めた「鳳翔」は抜錨を終え、いつでも出航できる態勢が整った。復員船「鳳翔」としての〝初陣〟が、いよいよ近づいていたのだ。

通信兵から通信員となった山本重光は、新たな〝船出《ふなで》の日〟を迎えようとしていた……。

〝特製の旗〟をなびかせて

「ＨＯＳＹＯ」とローマ字の手描きで船体の横腹に船名が記された巨大な復員船が、静かに呉の港から滑りだしていく。

風に、たなびく軍艦旗は……。

これまでの出陣では、いつも艦とともにあった、この旗は、終戦直後に艦長の手によって焼かれ、もう存在しない。

艦首に輝く菊花の紋章も取り外され、今はもうない。

日本国の船であることを対外的に示す〝日の丸〟の旗は、「ＨＯＳＹＯ」とローマ字で書かれた文字の少し前の舷側に直接、描かれていた。それも、目立たない、控えめな大きさで……。

もう、「鳳翔」のマストの頂上にたなびく、勇壮な日本海軍の証《あかし》はなかった。

終戦直後、復員船が動きはじめた頃。日本の艦船が軍艦旗、日章旗を掲揚することは、世界のどこの洋上でも、世界中のどんな港においても、全面的に禁止されていたのだ。

その代わりに、復員船「鳳翔」のマストには、〝特殊任務〟のための航行――であることを、世界各国の船舶に向けて示す「日本商船管理局」の旗が、力強く、風を受けながらなびいていた。

それは〝異色〟の旗だった。

国際信号旗に「E旗」という旗がある。E旗の本来の意図はこうだ。

「本船は、右へ進路を変更中……」

この、上部が青色、下部が赤色に染め抜かれたE旗の右端を三角形に切り抜いたものが、世界の洋上や港で、「この船は復員船である」ということを示す〝特製の旗〟だった。

終戦直後の9月16日、米太平洋艦隊連絡団覚書が日本へ通達されている。

この覚書のなかの一文に、日本の船舶は、日章旗でも軍艦旗でもなく、このE旗を変形させて作られた特製の旗を掲げるように——と明記され、命じられていた。

「日本商船管理局」に所属する日本の復員船。さらに、米軍から貸与され、復員船に転用されたリバティ船やLST船のマストにも、復員船用に改造され、新たに作られた、この〝特別な旗〟が掲揚され、世界の海へ繰りだしていったのだ。

◇　◇

1945（昭和20）年10月16日、山本たちを乗せた復員船「鳳翔」は呉の港を出発する。

山本重光の復員活動としての最初の目的地は、日本からはるか南方へ約4500キロ離れたマーシャル諸島にある、ジャルート（ヤルートとも呼ばれた）環礁だった。

「呉港からジャルート環礁までは片道だけで約2週間はかかります。戦争末期には瀬戸内海など呉の近海を転戦していた『鳳翔』にとって、久しぶりの遠洋航海でした」

そう語る山本にとっても、久しぶりの長い船旅だった。

突貫工事で大改修を終え、復員活動の第一陣を切っての出航だった。

終戦から、まだ、約2カ月しか経っていなかったのだ。

だが一方で、戦前、戦中から、ずっと南洋の島に踏みとどまり、戦後もそこに残されたままの日本兵にとっては、気の遠くなるような長い2カ月であったに違いない。

「早く助けにいかねば……。負傷したり、病気を抱えたりしている、命の危機に瀕している日本の兵士たちは多いはずだ。それでなくても、ほとんどの兵士が満足に食べることができず、栄養失調で体調を崩しているだろうから……。急がねば……」

「鳳翔」の通信室に乗り込んだ山本は、はやる気持ちを抑えきれずにいた。

南洋の島々に取り残された日本兵たちは、敗戦でいっさいの補給路を断たれ、自給自足もままならず、その生命は風前の灯火であることが十分、想像できたから。

「遠洋航海が可能で、多くの日本兵を一度に運べる機動力のある船……。そんな能力が買われ、この『鳳翔』が抜擢《ばってき》されたのです。それだけに乗組員たちの士気は皆、高かったですよ。敗戦のショックなんて振り切りながらね……」

再び「鳳翔」と山本たち乗組員の〝新たな戦い〟の日々が幕を開けた。

やっかいな敵

復員船の出港と帰港が、いかに危険だったか。

終戦後、日本の船舶と船員たちに常につきまとっていた、この〝見えざる敵と恐怖〟について、改めて書き記す必要があるだろう。

「出港の瞬間？　武者震いしましたよ。ただ、同時に恐怖感も感じていました……」

山本は、「怖かった」という感情をいっさい、隠さずに打ち明けた。

山本同様に、〝元空母乗り〟の屈強な海軍兵たちが、皆、恐怖を抱いていたことにはわけがある。

呉の港と周辺の海中には、船舶の天敵とも呼べる、機雷という〝無数の見えない敵〟が潜《ひそ》んでいたからだ。

海戦を体験した者にしかわからない、死の恐怖……。機雷は敵味方関係なく、軍艦の乗組員にとって悪魔のような存在だった。

米軍が日本近海へ投下した機雷は、計6万個以上といわれていた。

「とくに、日本海軍の拠点のひとつである呉軍港周辺には、入念に米軍が機雷をばらまいていることが、知られていましたからね」

実際、呉の軍港の周辺だけで、数万個の機雷が残されたままだった。

海底や海中に潜んでいる機雷には、航行中の船舶の一部が接触することによって爆発する「接触型」と、接近してきた船舶が発する磁気や音などを感知し、これに反応して爆発する「非接触型」があった。

米軍が日本近海へ残していった機雷は、「非接触型」が、ほとんどだったといい、復員船にとっては、「目に見えない」、この機雷がいかに、やっかいな敵だったことかが想像できる。

この命の危険をさらした、緊張感に満ちた操艦が出港と帰港時の往復で、しかも短期間の間に、何度も求められていたのだ。

◇　◇

「終戦後の掃海活動？　まだ、日本海軍はまったく手がつけられず、米軍ももちろん、撤去作業を行おうとはしていませんでした。掃海艇もまだ、準備されていない状態のなかで、私たちが乗る『鳳翔』の復員活動は始まったのですから……」

機雷を撒いた米軍の軍艦自体が呉の港に近づけずにいたというのだ。

山本が復員船の乗組員となる覚悟を固めたとき。「なんとか戦争は生き抜いたが、今度はもう本当にだめかもしれない。そう思った」という。

これまで、山本は機雷に接触し、水柱をあげながら沈没していく僚艦の姿を何度も目撃している。

「機雷に触れれば、1万トン級の船舶でも木っ端《こっぱ》みじんに吹き飛び、あっという間に沈没してしまうのです……。呉の港を進むとき、もうだめかな、そんな思いが何度も頭のなかを駈けめぐりました。それは、空襲で弾薬が飛び交う戦場のなかにいる恐怖と、何ら変わりありませんでした」

当時、日本が行っていた復員船の活動を、もし、陸上で例えるなら、こう表現できるだろうか。

地雷が無数に埋設された戦場の砂漠のなかを、地雷撤去用の特殊車両も、地雷撤去のスペシャリストの歩兵も伴わず、丸腰の大型戦車が単騎で突き進んでいくような……。

そんな、無謀ともいえる出航だったのだ。

山本と同じ年齢で「鳳翔」に乗艦していた機関科員の深尾純一は、当時の復員船の出港時の様子を手記で、「内海、近海にはなお多数の浮流機雷があって、出航直後数時間は命懸けであった」と綴っている。

現実に、復員船をはじめ民間の商船、撤去を行っていた掃海艇などを含め、この機雷による被害は甚大だった。

戦後から約10年の間にかけて、日本近海で米軍が投下した機雷によって、沈没したり、損傷を受けるなどした日本艦艇の数は、軍艦が18隻、民間船では161隻にものぼったという。

『あゝ復員船』のなかで、復員船「八雲」で復員業務に就いた後、「海防艦26号」などに乗船し、掃海作業をした元海軍兵、吉岡博之の手記にこう記されている。

《呉に回航してYCクラフト（試航いかだ）隊編入となった。試航いかだとは戦争中に米軍機が日本の沿岸に投下した一万余といわれる磁気機雷、水圧機雷、それらの複合機雷に対して、的確な掃海方法がないため、船の代わりに数千トンのいかだを曳航してみて安全を確認するという代物であり、曳航する海防艦にとっても危険極まりなく、まさに特攻的なものであった》

「その危険度は、まさに特攻なみ」と語る吉岡の証言は今、聞いても衝撃的だ。

復員活動にともなう掃海業務は、戦争に匹敵する命懸けの任務だったことがわかる。

《終戦後半年たった当時でも、毎日のようにこれらの機雷のため、商船や漁船が沈没する事故が相次いで起こっており、主要水路の啓開は急務であった。こうした使命感から、この危険な方法について

も、現場のだれ一人拒否する者はいなかったし、大して議論にもならなかった》

終戦後の1945（昭和20）年10月。海軍を除隊した吉岡は、故郷で翌春の大学受験の準備をしていたときに、復員省から、復員船となった「八雲」への乗船を命じられ、「ただちに志願する旨、返事をした」という。

戦争が終わり、大学に進学するはずだった若者が、断ってもいいはずの「召集令状」を受け取り、復員、そして掃海活動に従事していたのだ。

呉港出航時に山本ら「鳳翔」乗員を襲った恐怖は、想像にかたくない。

とくに山本の場合、米軍の艦載機が、呉軍港へ投下していった無数の機雷を、江田島で砲台の役割を担っていた「鳳翔」の舷窓から、通信兵として、目の前でつぶさに見ていたのだから……。

いつもと違う船出

復員船の船出とは、どんな光景だったのだろうか。

機雷のおそろしさに直面すると同時に、山本は、復員船の船出に対して、こんな違和感を覚えていたという。

「確かに、これまでの船出とは違いましたね……」

出港する際。

「見送りの人の姿など、ほとんど見ませんでした。戦争が終わり、みんな自分の人生を生きるために必死でしたから。手を振る人たちに、にぎやかに岸壁から見送られる……。そんな光景はありませんでしたね」と振り返る。

かつて空母だった「鳳翔」は、出航する際、巡洋艦や駆逐艦など複数の護衛艦に囲まれ、湾内を進み、洋上を航行していった。

艦載機を搭載した空母は機動部隊の中核を成す主力艦として、常に味方の艦隊の中心に陣取りながら、戦場へと向かっていったのだ。

今、復員船となった「鳳翔」の周りを囲む護衛艦は、もう一隻も存在しなかった。

それどころか、山本が語る通り、復員船として港を出る際、機雷を除去してくれる掃海艇さえ伴ってもいなかったのだ。

これまでのような、大名行列のように艦隊を引き連れることのない、静かな船出だった。

「誰からも見送られなくてもいい。静かなままでいい。だが、どうか、港湾内に沈む機雷に触れないように……。どうか、このまま日本兵が待つ島まで、静かに行かせてください……」

そんな山本たちの、祈るような思いは通じたのだろうか。

単艦、「鳳翔」は呉の港湾内を出て、無事に瀬戸内海へと航行していった。

ひっそりと、山本の言葉を借りれば、「そろそろと、おそるおそる……」と。

初の復員船での「鳳翔」の出陣は、そんな、確かに寂しい船出だったかもしれない。


山本と同じ年齢で、「鳳翔」の機関科に配属されていた深尾純一は、機関室のなかで緊張しながら、出航の瞬間を待っていた。そして「鳳翔」が動きだし、深尾の緊張感はピークに達する。

「呉の内海、近海には、なお多数の浮遊機雷があって、出航直後の数時間は命懸けで、これをかわしながらの操舵による航行であったが、無事に日本を離れてからは、比較的安定した長い航行へと移った」

ボイラーの熱、タービンの音。劣悪な環境の機関室のなかで味わう機雷接触との恐怖……。深尾は、文字通り、命懸けで「鳳翔」を動かすために戦っていたのだ。

「飛行甲板などの上から乗組員たちは常に浮遊機雷を監視していて、発見したら、直ちに艦橋へ報告。舵を切りながら、機雷を避けて航行するのです。でも、さすがに〝地獄の鳳翔〟と恐れられた元空母。元海軍兵たちの操舵の技術は見事なものでした」

山本は、緊張感に包まれた復員船の船出の様子を、こう振り返る。

機雷が潜む危険な海域を脱した「鳳翔」は単艦、太平洋へと勇壮に突き進んでいった。

出港の残像

この、たった一隻での「鳳翔」の船出の様子が、平成最後の夏、２０１８年に公開されたアニメ映画のなかで、ほんの一瞬、数秒間だけではあるが、鮮明に描かれている。

大ヒットしたアニメ映画『時をかける少女』（２００６年）、『竜とそばかすの姫』（２０２１年）などで知られ、今、世界が最も注目する日本人アニメーターの一人、細田守監督が手掛けた『未来のミライ』。その劇中に、こんなワンシーンが、スクリーンに映しだされたのだ。

物語の主人公は4歳の男児、愛称〝くんちゃん〟こと太田訓《おおたくん》。生まれたばかり赤ん坊の妹、ミライが、ある日、中学生の姿となって、未来から現代へタイムスリップし、兄、くんちゃんの元へとやって来る。そして、気弱で頼りない4歳の兄、くんちゃんを連れて、過去や未来へとタイムスリップする……というSFファンタジーだ。

現代から第二次世界大戦直後の過去へとタイムスリップしたくんちゃんが、若き日の曽祖父と出逢う場面でのこと……。

広島県呉市で、バイク工場を営むくんちゃんの曽祖父は、戦時中、呉の軍需工場で戦闘機のエンジンを開発する航空エンジニアとして働いていた。

戦争で足を負傷した曽祖父は、自分のバイク工場で組み立てた自作のバイクに、未来からやって来たひ孫のくんちゃんを乗せて、呉の街を走る。

この曽祖父の声優を演じているのは人気歌手で俳優の福山雅治だ。福山の声で、バイクの振動音とともに、こんなセリフが聞こえてくる。

「あれが、おらが働いていた飛行機工場だ……」

ハンドルを握る曽祖父の視線の先にある工場の前には、呉の軍港と海が広がっている。

「あっ、船だ！」

バイクのガソリンタンクにしがみつきながら、くんちゃんが指さした方向には小さな帆掛け船が浮かび、その前を、一隻の巨大な船舶がゆっくりと進んでゆく……。

その船体の横腹には、「ＨＯＳＹＯ」とローマ字で綴られた、手書きの文字が書かれているではないか……。

これは、空母「鳳翔」の時代にはなかったものだ。当時の日本の空母の船側に、こんな表記はされていなかった。

この船は、復員船となったばかりの「鳳翔」ではないか……。

終戦直後の呉の港近くの海上を、復員船へと改造され、生まれ変わったばかりの、今まさに引揚者たちを救出に向かおうとしている「鳳翔」の姿が、時間にすれば、ほんの数秒間ではあるが、はっきりと映画館の大スクリーンに映しだされる。

あの船のなかには、若き日の山本重光も乗っているのだ……。

前方部の横腹に「ＨＯＳＹＯ」と刻まれた船体の壁の向こうにある通信室のなかで、次々と打電されてくるモールス信号の音を、一音も聞きもらすまいと、ヘッドホンをつけて奮闘する通信員、山本重光がいるのだ……。

実戦でも訓練でもない航海

山本たちが向かったジャルート環礁は、日本が米国をはじめとする連合国軍との間で熾烈な領土決戦を繰り広げた南洋の激戦地のひとつである。

１９２２（大正11）年以来、ジャルート環礁は日本の統治領となり、日本海軍の基地が置かれていた。そのため、第二次世界大戦下、連合国軍との間で、制海権、制空権をかけた苛烈な戦いに突入していく。

1943（昭和18）年10月、米軍はマーシャル諸島の南隣に位置するギルバート諸島を占領。

これに対し、日本陸軍はジャルート環礁を守るため、旧満洲に展開していた関東軍のなかから、約2300人の兵をジャルート環礁へと送り込み、日米決戦に備えた。

翌1944（昭和19）年1月、米軍など連合軍はジャルート環礁侵攻のために猛烈な攻撃を開始。艦載機を使った激しい空襲や艦砲射撃などを繰り返した。だが、日本軍は徹底抗戦で、この猛攻を耐え抜き、連合軍は上陸をあきらめる。

しかし、悲劇が待っていた。

連合国軍に制海権を奪われたため、日本から島への食糧や医薬品などの補給はいっさい、閉ざされ、残された日本軍の兵士たちは食糧難に陥り、飢餓や疫病にさらされることになるのだ……。

◇　◇

「我々は、これから史上最も過酷な激戦地のひとつだった島へ向かう……。『鳳翔』の乗組員たちは、出航する前に、そう聞かされていました。米軍の艦砲射撃や空襲など情け容赦ない攻撃にさらされ、島が、その形を変えてしまったというほどの……。そんな島で敗戦後、果たして何人の日本兵が生き残っているというのだろうか？」

ジャルート環礁を目指す「鳳翔」の艦内では、山本だけでなく、乗組員、誰しもが、そんな不安を感じていた。

「でもね。いったん洋上へ漕ぎだせば、皆、海軍兵として鍛え抜かれた〝海の男〟たちですからね。日本にいるときに感じた、そんな不安も恐怖感も、大海原の上では、潮風に吹き飛ばされていくように思えました」

山本は柔和な笑みを浮かべながら、こう続けた。

「一日も早く祖国へ帰りたい……。そう願いながら、我々の迎えを待っている大勢の日本の兵士たちがいる。南へ向かううちに、敗戦のショックなんかも、どこかへ消え去っていきました」

この航海は、実戦でも訓練でもない——。山本や「鳳翔」の乗員にとって、初の復員活動という特殊な航海だったが、山本たち元空母乗りの心のなかには、早くも〝海軍魂〟が蘇ってきていた。

多忙な通信業務

「もう何度、夜を数えただろうか……」

ひたすら「鳳翔」は、太平洋上を南下していった。

「呉港の周辺を離れ、日本近海を抜けたら、もう恐ろしい機雷に接触する心配は、ありませんでした」

とはいうものの、もちろん、山本には遠洋航海の船旅を楽しむような余裕などはなかった。

通信員として乗り込んだ山本の仕事は多かった。

通信室に入ると、ただちに山本はヘッドホンを装着した。

「情報の発信は2系統に分かれていました。天候など気象に関する情報は東京から。船舶の航行などに関する情報は広島・呉の軍港から送信されてきました」

両方を聞き分けながら、情報を読み取り、解読していくのが、山本の仕事だった。

「いずれも、モールス信号で刻一刻と無線が送られてきます。すべての通信を解読して操舵室へ渡すのです。太平洋上のはるか、どんな離れた洋上や島にも日本からモールス信号が届くのですからね。復員船に乗ることになり、改めてすごい技術だと思いましたね」

山本が、空母「鳳翔」に通信兵として乗り込んだとき。もう、日本海軍には十分な燃料は残されおらず、機動艦隊の空母として、「鳳翔」が艦載機を載せて、呉軍港の近海から離れることはなかったのだ。

それだけに山本は、「鳳翔」の機動力の高さとともに、通信の技術力の高さや正確さを改めて実感させられたという。

「今だったら、はるか宇宙にある人工衛星から送られてくるＧＰＳの情報などで、詳細な気象情報も、船舶の洋上での位置、航路などを知ることができますがね」

　通信員は、３人交代制がとられていた。

　24時間を数時間おきに、ローテーションしながら、通信任務に就くのだ。

「モールス信号を聞き取ると、送られてきた情報を文字に起こしながら、専用の紙にペンで書き記していくのです。モールス信号は次々と、ものすごい速さで打電されてきますから、通信兵には、正確性とスピードが求められました」

　小さな紙なので、１枚に書きとれるのは数行。書き終えると、その紙をくるくると丸めて巻き取り、直径数センチほどの細長い筒の管のなかに入れる。この筒は、通信室に設置された気送管（エアシューター）と呼ばれる装置で、操舵室などへと送られる。

「気送管は艦内に張り巡らされていました。まず、管のフタをはずし、管のなかに、この筒を入れ、再びフタをします。そして、ボタンを押すと、圧縮空気が流れ、気送管のなかをものすごい速さで筒が移動するのです」

　山本たち通信員が書き取った情報は、次々と一瞬のうちにして艦橋内を経由され、最終的には艦長のもとへと送り届けられていった。

　一方、送信作業はこの逆の流れ。打電する電報文を山本たち通信員がモールス信号で叩き、「鳳翔」から送信していくのだ。

「復員船のときは、送信作業はこれで完了なのですが、戦時中は違いました。送信後、まだ続いて、こんな作業が行われるのです……」

山本は、当時〝極秘〟だった、その通信の工程を教えてくれた。

「通信室から、暗号化された情報をモールス信号で送った後、すぐに通信室後方の兵士が妨害電波を発信するのです。『鳳翔』から発信した情報を敵国の艦隊に傍受されないためにです」

復員船となってからは、山本たち元通信兵は、こんな戦時中の緊張感からは解放されたのだ。

変わり果てた兵士たち

「鳳翔」は時速約14ノット（時速約26キロ）の巡航速度を保ちながら、ゆっくりと太平洋の海上を南下していった。

呉の港を出港してから10日目。

出航時、日本は肌寒さを感じる晩秋だったが、南の島々では常夏《とこなつ》。南半球は日本の真夏以上の暑さだった。

甲板の上へ身を乗りだしていると灼熱の太陽の光が肌を焼き、その太陽光は海底まで達し、海水はどこまでも透き通っていた。そして、海中のいたるところで鮮やかな色をしたさまざまな種類の魚が群れをなし、海中をゆらめく白いサンゴ礁が、白波を立てていた。

「ついに目的地である小さな島影が見えてきたぞ。これが、ジャルート環礁か……」

山本たち「鳳翔」の乗組員たちにとって、日本からはるか約４５００キロ離れた長い航海の疲れも、一気に吹き飛ぶような喜びの瞬間だった。

だが、「事故もなく無事に目的地にたどりついだぞ、ついに到着したぞ……」。そんな感激と安堵感に浸ったのも束の間、その思いはすぐに消え去っていた。

透明な海には不釣り合いな、海底に沈む朽ち果てた軍艦、海上に力なく突きでたマストの先の部分……。それらの多くが、日本海軍の軍艦である事実を、山本たち元日本海軍兵は現実として突きつけられたのだ。


さらに島に近づくにつれ、山本は、その光景を、ただ、呆然と眺めるしかなかった。

島の中央にはいくつかの建物があるが、どれも大破し、鉄骨をむきだしにし、連合国艦隊との激戦の跡を物語っていた。

「その建物跡の周りは、どこもひっそりと静まり返り、人の生活感を感じさせない、まるで無人島のようでした。自然の植物も、この島では豊かに実らないことがすぐにわかりました、ヤシの葉さえも食いつくされているようでした。木々のてっぺんには、ほんの2、3枚の葉っぱだけが残っているだけで。こんな何もない小さな島で、3万人もの日本兵たちが戦っていたというのか……」

無人島か――と思われた島の奥から、次から次へと日本兵たちが顔を出し、姿を現しはじめた。

その姿に、山本は衝撃を受けた。

「どの顔も日焼けして真っ黒でした。しかし、それは健康的な日焼けとはほど遠く、不健康な土気色の顔をしているんです。体はみんな、がりがりにやせているが、なぜか、お腹だけはぷっくりとふくらんで飛びだしている。みんな栄養失調の症状が出ていたのです」

そんなやせこけ、ひげが伸び放題になった日本兵たちが小さな船に分乗し、島の沖合に横付けされた「鳳翔」へと乗り込んできた。

小艇が何回も往復しながら、日本兵を乗せ、次々と「鳳翔」へと運びこんでくる。

間近で見る日本の兵士たちの姿を見ていて、山本は、さらに大きな衝撃を受け、こう驚かざるをえなかった。

「食べられそうな植物や果物が、ろくに実りそうにもない、また、ろくに物資が届きそうにもない、この孤島のどこに、これだけの兵隊が、いったいどうやって暮らしていたというのか……。途切れることなく次々と船に乗り込んでくる元陸軍兵たちの姿を見ていて、不思議な気がしましたね」

そして人間の生命力の強さも、このとき改めて思い知ったという。

1945（昭和20）年10月28日。このとき、すでに終戦から、約2カ月半が過ぎていたのだ。

ジャルートでの日本兵の乗船には2日間を要した。

病人やけが人、健康状態のすぐれない日本兵たちが優先して運び込まれていった。というより、健康な日本兵はこの島にはいなかった。皆、生きて日本へ帰ることを信じ、気力だけで耐えているように、山本の目には映った。

「どうにか間に合ったぞ。たくましく生き抜いてきた日本兵たちは確かにここにいたのだ。本当によかった……。我々が無事にあなた方を日本へと送り届けますからね……」

飛行甲板の上で笑顔を浮かべている兵士たちもいるではないか。ほほの肉が削げ落ちたまま、気丈にふるまう、そんな〝真っ黒い笑顔〟の面々を見ていて、山本は胸がいっぱいになり、涙を流しながら、心のなかでそう誓っていた。

長い航行の疲れも吹き飛んでいた。

こうして「鳳翔」は、ジャルート環礁を出発した……。

国立公文書館「アジア歴史資料センター」の記録によると、終戦直後、ヤルート島（ジャルート環礁）へは大型の復員船3隻が日本から向かっている。

「鳳翔」と「葛城」。そして戦時中、病院船として使用された後、復員船となった「氷川丸」だ。全長約163メートル、総トン数約1万1千600トンと大型の「氷川丸」には、重傷者たちを優先して乗船させたという。

激戦の島を〝転戦〟

ジャルート環礁を出発した「鳳翔」は、すぐには日本へ戻らなかった。

そのまま、マーシャル諸島の真っただ中を北上していったのだ。

次の復員活動の目的地であるウォッジェ（第二次世界大戦中はウォッゼと呼ばれていた）環礁へと向かった。

距離はジャルート環礁から北へ約400キロ。数日あれば到着できる距離である。

「鳳翔」は〝転戦〟し、復員活動を継続していた。

「ジャルート環礁と同様に、これから向かうウォッジェ環礁も、第二次世界大戦中の激戦地のひとつとして知られた島でした……」

◇　◇

第一次世界大戦の後、日本は、南洋のマーシャル諸島を委任統治し、海軍が駐留していた。

だが、この南洋の制海権、制空権をめぐって、日本と米軍など連合軍との間で、戦闘が激化。

1943(昭和18)年8月。

日本海軍は、ウォッジェ環礁において、戦艦「三笠《みかさ》」と装甲巡洋艦「春日《かすが》」から取り外した15センチ副砲6門を環礁の砲台へと運び、島の防衛準備を整えていた。

これに対し、翌1944(昭和19)年1月、米艦隊はウォッジェ環礁を包囲し、激しい艦砲射撃を浴びせ、日本が築いた砲台をすべて破壊する。

その後も米軍による容赦ない空襲が続くが、砲台を失った後も島に散らばった日本兵士は防戦して抵抗する。必死の応戦で、日本軍は、何とか島への米軍兵の上陸を阻止したものの、この戦いで、島への補給路は断たれ、日本からの物資の輸送はいっさい、途絶えてしまうのだ。

日本の兵隊たちは、この南洋の孤島で孤立し、餓死者が相次いだという。

現在、ウォッジェ環礁の人口は約1千人にも満たないが、砲台を奪い合ったこの戦いのために、日本海軍はここへ約3500人もの兵士を駐留させていたという。

米兵の上陸を阻止し、島を死守したものの、食糧不足から約2900人の日本兵が餓死したといわれている。

ジャルート環礁を出発して約3日後。

10月30日、「鳳翔」はウォッジェ環礁の港に到着する。

「鳳翔」の飛行甲板の上に登った山本は、まざまざと、当時、繰り広げられた連合国軍との激しい戦闘と、その後、飢えと戦った日本兵の惨劇を見る思いだった。

「島影が見えたときは、本当に美しい島だな。そう思ったのですが……。ウォッジェ環礁の港へと、『鳳翔』が近づくにつれ、その状況が、しだいにわかりはじめ、大きなショックを受けました」

山本は、こう思った。

「ここは、もはや島ではない……」と。

「沼や池のような水たまりばかりで、ほとんど陸地と呼べるような平地が見当たらないのです。さらに島へ近づくと、その理由が理解できました。大きな水たまりは、自然で生まれた沼や池ではありませんでした。米軍の艦砲射撃や空襲などの爆弾で爆破され、土や岩が吹き飛ばされたクレーターのような大きな穴の跡だったのです。その穴に海水などが流れ込んで巨大な水たまりになっていたのです。こんな陸地がほとんど残っていない場所で、どうやって人は生きていけるのだろうか……」

元々、ウォッジェ環礁の陸地は、わずか8平方キロメートルしかない。

そのわずかばかりの平地が、山本が語るように、無残にも、ほぼ沼や湖のような状況に変わり果てていたのだ。

決死のダイブ

だが、日本兵はいた。

「島のあちこちに、じっと、うずくまるようにして大勢の日本兵が、この『鳳翔』を待っていたのです。やはり、皆、顔は真っ黒で、やせこけ、すぐに栄養失調だと見て取れましたが……」

ジャルート諸島で見た兵士たちと同じ症状を発症していた。

「まだ、年の若い兵士たちも多くいました。しかし、がりがりにやせこけ、皮膚は真っ黒に焼け、表情はなく、目はくぼみ、まるで老兵にしか見えなかったのです。誰しもが打ちひしがれていました。『復員船に乗るのだから、せめて伸び放題のひげ面だけでも何とかしたい』。そう思ったのでしょうね。いたるところにヒゲを剃り残したままの兵士もたくさんいました。そんな顔を見るのも忍びなく、つらくて……」

ところが、島に「鳳翔」が近づき、横付けされた瞬間……。

山本は、信じられない光景を目の当たりにする。

「『鳳翔』の一番若手の、まだ少年兵と呼べる年齢の乗組員が、いきなり、服を脱ぎ捨てて、ふんどし一丁の姿になると、スルスルと『鳳翔』のマストを登りはじめたのです」

いったい何事だ。何をするのだ、と山本が不審に思って眺めていると、この〝ふんどし一丁の少年兵〟は、マストの頂上まで登ったところで、顔を空へあげて立ち止まったという。

「すると、少年兵はマストの上で姿勢を正し、まるで鳥が翼を広げて羽ばたくように、両手を広げ、空へ向かって高く突き挙げながら、そのままの姿勢で海面へと勢いよく飛び込んだのです。まるでオリンピックの飛び込み選手のような、それは、それは、見事な美しい空中姿勢でした……」

「鳳翔」の飛行甲板に立ち、そこから見上げれば、雲の無い、真っ青な空に、ぎらぎらと輝く黄色い太陽。そして、飛行甲板から下を見下ろせば、そこには、魚の大群やサンゴ礁など、海底まで見渡せるエメラルドグリーンの美しい透明な海水が、どこまでも広がっていた。

そこへ、南国の燃え上がるような灼熱の太陽を背に、空中に浮かびあがった〝ふんどし一丁の少年兵〟……。

山本の目にはその光景が、まるで映画のワンシーンのように、スローモーションのように映ったという。

「この美しくも不思議な光景は、75年以上が過ぎた今でも、私のまぶたの裏に鮮明に焼きついたまま離れないのです。今でも鮮明に思いだすことができます……」と山本は臨場感豊かに語りつづけた。

放物線を描きながら跳んだ少年兵の細い体は、勢いよく波しぶきを上げ、透明な海中の奥底へと、のみこまれていったという。

そこで、ふと山本は思いだしたようにこう言った。

「しかし、あのとき、『鳳翔』の船体の高さにマストの高さを合わせると、その高さは30メートル近くはあったはず。あんな高いところから海へ飛び込むのは大変、危険ですよ。あのとき、少年兵は、内心、とてもこわかったはずなんですが……。私には、あれは決死のダイビングのようにも見えました」

なぜ、あのとき、少年兵は、そんな危険を顧みず、この決死のダイビングを敢行したのだろうか？

「きっと彼は、『鳳翔』の上から見つけた日本兵たちの姿を見て、心を揺さぶられたのでしょう。人ひとりが寝そべったり、座るどころか、踏みしめる陸地さえもろくに残っていないような、この激戦地のウォッジェ環礁で、日本のために戦い、この日まで生き抜いてきた兵隊たちへの、せめてもの感謝の思いを伝えたかったのではないでしょうか……」

山本自身、生き残った日本兵の姿を見てこうつぶやいていたという。

「みなさん、ありがとう。あなたたち英雄を、私たちは日本から助けに来ましたよ。今、到着しましたよ。もう、安心してください……」と。そして今ならこう理解できる。「そんな感謝の思いを、勇気をふりしぼって、あの少年兵は自分の体を使って、何かの形で示したかったのではないでしょうか。

その証こそが、あの鳥のように美しいダイビングだったのだと思います。最後まで戦い抜いた日本兵たちに対する、出迎えの最高の礼を尽くしたかったのだと思います」

山本の両目には、涙がにじみだし、玉となって浮かんでいた。

「この少年兵の姿を見て、主計兵たちも感動したのでしょうね。『今日は小判鮫を釣りあげることができたから、これを今日の夜の晩餐の一品に加えるぞ！』と、張り切りだして調理していました。その日は、楽しい晩餐になりました」

満艦飾――オール・フラッグ

祝祭日や観艦式の日。港に停泊する軍艦には、色鮮やかな信号旗や万国旗が、艦首から艦尾まで、艦全体に飾り付けられる。

これを「満艦飾《まんかんしょく》」という。旧日本海軍の礼式のひとつである。

「満艦飾を最後に見た日？　さあ、いつだったでしょうかねえ。もう、思いだせませんよ……」

第二次世界大戦末期。劣勢となった日本海軍に入り、鳳翔の通信兵になった山本にとって、まだ、こんな「余裕ある日本海軍」の姿を見た記憶は、ほとんど残っていないという。

また、復員活動でも、「鳳翔」はただ、淡々と、戦場跡の港で待っている日本兵や民間人を乗せ、港から港へと転戦し、祖国・日本の港へと送り届けていく地味な仕事だった。

かつて空母としての「鳳翔」が観艦式などで誇った満艦飾を見る日は、なかった。

だが、ウォッジェ環礁で見た、「あの日の少年兵の決死のダイブこそが、まさに復員船『鳳翔』の満艦飾だったのではないか……」。山本は今、そう思っている。

「本来、あの鳳翔のマストには軍艦旗が飾り付けられていたのです」

山本は、窓の外の空を仰ぎ見るようにしながら、風でそよぐ鳳翔の軍艦旗があった位置を指さした……。山本の脳裏に、今もはためく鳳翔の軍艦旗が、私にも見えたような気がした。

その軍艦旗はもうない。

敗戦後、艦長の手によって焼かれたからだ。

だが、あの軍艦旗がはためいていた、マストの頂上から高く跳び、〝少年兵〟は南の海中へとダイブした。

「あれが、復員船『鳳翔』の通信兵として私が見た、最初で最後の満艦飾だったのかもしれません……」

「満艦飾」のことを、客船など民間船では、「満船飾」と呼ぶ。

港で乗客を迎える際、歓迎の意思を示す行事のひとつだ。

英語では「オール・フラッグ」と総称する。もう空母ではなくなった鳳翔。軍艦ではない、復員船「鳳翔」にとっての、最後の「オール・フラッグ」だったのかもしれない。

◇　◇

日本を目指し、再び約10日間の航行が始まった……。

真っ黒に日焼けした栄養失調の約3千人の兵士たちは、最初は元気がなかったが、祖国へ帰れる安堵感から、しだいに生気を取り戻していったという。

「彼らを、家族が待つ日本へ、早く帰してあげたい。家族はみんな心配しているはずだ。なかには、もう戦死しただろうと、半ばあきらめ、悲しんでいる家族もいることだろう……」

家族が待つ三重の故郷から遠く離れた、初めての復員輸送の復路の南洋の海上で、山本は改めて、「復員船の乗組員になってよかった」と思い、引揚者たちの笑顔を見ながら、こう喜びをかみしめ、充実感に浸っていた。

だが、山本にとっての復員活動は、これからが本番、本当のスタートだったのかもしれない。

山本にとっての〝終戦の日〟は、まだまだ訪れそうにはなかった。

帰還者の叫び

ジャルート環礁から、「鳳翔」に乗って日本へ復員した海軍兵のひとり、根津茂が、戦争体験記の手記のなかで、こう証言している。

《十月下旬、引揚げ第一便は病院戦「氷川丸」で負傷者、病人を収容、第二便は巡洋艦「鹿島」で陸軍部隊を、最後に残存空母「鳳翔」にて海軍部隊が引き揚げる。電信室の者は船との連絡等があるために最後に乗艦するまで勤務についていた》

根津も山本と同じように、海軍の通信兵だったのだ。

そして「鳳翔」に乗って、いよいよ祖国・日本が近づいてきたとき。

《東京湾に入り富士山の姿を眺めたとき、戦争に明け暮れた者にとっては懐かしさと嬉しさで一杯であった》と綴っている。

また、ウォッジェ環礁から「鳳翔」に乗り込んだ第531海軍航空隊所属、篠崎英夫は、そのときの様子を手記（マーシャル方面遺族会発行の『環礁』）のなかで、こう記している。

《顧《かえり》みますと、昭和20年10月30日、敗戦の苦渋を胸に懐きながら迎えの鳳翔に乗って故国に向うとき、去り行く島影を見つめながら、必ずいつかこの地を再び訪れ、亡き戦友の霊を弔《とむら》うことを誓いました》

そして、それから約40年後の昭和61年、篠崎は、この島で亡くなった日本兵を弔うために、この島を訪れている。

《この平和で、緑多く、豊かな島に、亡き友よ、静かに眠り給《たま》えと思う。そして心広く、しかも温かい住民の方々が見守っていて下さる》

ともに戦った航空隊の仲間たちが眠る、ウォッジェ環礁の地を再び踏んだ篠崎は、こう結んでいる。

一方で、篠崎は、この40年ぶりの慰霊が叶った後、仲間の埋葬地を見つけることができなかった無念さを悔やみ、今後、「遺骨だけでも探しだし、持ち帰ることはできないか」と訴えている。そして、その願いを託し、こう誓った。

「いつか日本で眠らせてあげたい……」と。

ウォッジェ環礁での戦いにおける日本海軍兵の戦死・病死者の総数は約1300人、日本へ帰還できたのは約800人といわれている。

◇　◇

1945（昭和20）年11月9日、ジャルート環礁、ウォッジェ環礁から計約3千人の日本軍の兵士たちを乗せて、「鳳翔」は神奈川県・浦賀港へと、無事、帰ってきた。

祖国の土を再び踏みしめることのできた、この復員兵たちのなかに、ジャルート環礁で指揮を執った海軍少将、第六二警備隊の升田仁助司令官の姿はなかった。

ジャルート環礁での戦闘は8月15日の終戦まで続いていた。

いっさいの補給路が断たれたなかで、日本軍は降伏せずに戦いつづけていたのだ。その最前線で指揮を執りつづけた升田司令官は、1945（昭和20）年9月5日、この島で日本を代表し、降伏の調印に臨んでいた。

そして、島への復員船入港の見通しが立ち、部下たち全員の日本への引き揚げの準備が整ったことを見届けた後。

10月5日、この島の指令室において、枡田仁助は自決したのだった……。

パイロットの乗船

山本のように、空母「鳳翔」の通信兵として終戦を迎え、そのまま復員船となった「鳳翔」に乗り継いだ海軍兵だけでは、復員活動のための航行を長期間、続けることは難しかったという。

多くの乗組員を必要とする空母「鳳翔」でも、長男の乗組員たちが、次々と降りていったのだから……。

人手が足りない部署には、他の軍艦や全国の基地から、元海軍兵たちが急きょ集められ、補充されていったという。

そのなかには、海に詳しい〝元軍艦乗り〟だけでなく、空の上を飛んでいた元海軍パイロットたちの姿もあった。

日本海軍の艦上攻撃機の元パイロット、磯部利彦は、1920(大正9)年、島根県松江市で生まれ、1938(昭和13)年、海軍兵学校を卒業後、九七式艦上攻撃機などのパイロットを経て、霞ヶ浦海軍航空隊の飛行教官を務めていた。

終戦後、磯部は、元上司で第二復員局長に着任していた前田稔中将に呼ばれ、復員船となった「鳳翔」に乗務することになった。

そのときの体験談を、自伝『火だるまからの生還』(高文研)のなかで、こう綴っている。

《「鳳翔」は私にとって思い入れひとしおの艦であった。宇佐空での実用機訓練で九七艦攻の電撃訓練の標的艦が、別府湾上の「鳳翔」であった。その後、同じく別府湾に浮かぶ同艦に数回の、私にとって「初めてで最後の」着艦を数回行った懐かしい艦でもあった》
「鳳翔」の乗組員となった磯部の仕事は、「ウォッチ」と呼ばれる、航行中、海上を監視する業務だった。かつての〝飛行機乗り〟から、初めて〝船乗り〟となっての失敗談も綴られている。
《青い海をただ眺めているだけの当直は退屈だった。私はふとブリッジの後ろに折り畳み椅子を見つけた。いい物があったと私はそれを持ち出し、そこに座ってウォッチを続けた。ややしばらく経ったとき、私の後ろから大声の怒声が飛んだ》
「当直士官が椅子に座るとはなにごとか」と、磯部は艦長に怒られたという。
《少し考えれば艦長の激怒は当然であった。立っておれば眠ることはない。腰かけていて睡魔に襲われ、コックリやったら一万トンのこの艦は盲目航行中となる》
　そしてこう反省している。
《海上航行のマナーに疎《うと》かったヒコーキ野郎の元海軍大尉は、恥ずかしさでただ俯《うつむ》くのみだった》と。
　元日本海軍の〝軍艦乗り〟だけでは人数が足りず、元艦上攻撃機のパイロットも乗組員として参加。生き残った日本の元軍人たちが、混成チームを編成し、一致団結しながら復員船「鳳翔」を動かしていたのだ。

第四章

蜃気楼（しんきろう）

——天国と地獄——

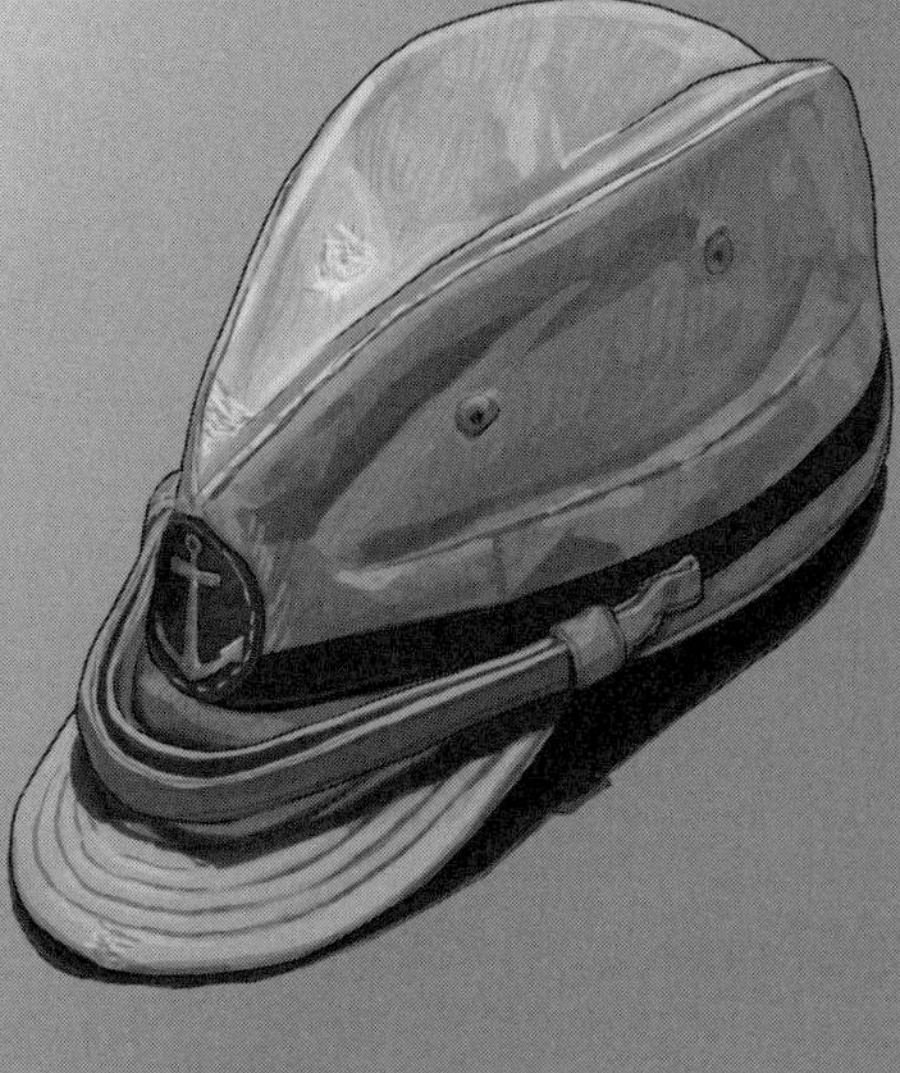

海上では大気の密度異常から、遠くにいるはずの船や灯火が、すぐ近くに見える現象が起きる。これを蜃気楼《しんきろう》と呼ぶ。

穏やかな南洋を復員船「鳳翔」で航行中、山本重光は、わずか数週間前に見た呉軍港空襲の地獄絵図のような光景を思いだしながら、何度も不思議な感覚に襲われていた。果たしてあれは現実だったのだろうか……と。

宿命

山本の復員船での活動を振り返る際、これだけは絶対に書き記しておかねばならない。そんな壮絶な体験を山本はしている。

空母「鳳翔」は、呉軍港空襲で、他の数多くの日本海軍の軍艦とともに、大破し、撃沈していてもおかしくなかった。

また、幾多の日本海軍兵のように、山本もこの空襲で、戦死したり、負傷したりして、今とはまったく違う人生を送っていてもおかしくはなかったのだ。

山本は取材中、何度も、こう口にしていた。

「あの地獄絵図のような空襲で、私は戦死していても不思議ではなかったのです。生き残ることができたことは、今でも、奇跡だと思う……」と。

１９４５（昭和20）年３月19日、７月24日と、その４日後の28日。とくに７月28日の米艦載機による空襲は苛烈さを極め、「まるで日本海軍のとどめを刺すために送られてきた刺客のようだった」。そう山本は記憶している。

実際、米軍による28日の空爆は、史上まれにみる、壮絶で一方的な攻撃だった。Ｂ-29、Ｂ-24など爆撃機の数は計約１１０機、戦闘機、攻撃機など艦載機と合わせ計約１千機を呉の軍港に差し向けた。

「日本海軍の拠点の息の根を止める」という明確な意図を持った殲滅《せんめつ》作戦だった。

この空襲で、戦艦「榛名《はるな》」、「伊勢」、「日向」、そして空母「天城」、巡洋艦「青葉」など日本海軍が誇る主要な軍艦13隻が次々と沈没していった。

また、沈没や大破は免《まぬが》れたものの、中破や小破など、損傷のない無傷のまま残った軍艦はほぼ皆無といっていい壊滅状態に追い込まれていった。呉軍港から航行できる軍艦を、ほぼ失ったのだ。

日本海軍の一大拠点であった呉軍港は、この綿密に計画された米軍による情け容赦ない空襲によって、完全にその機能を失われた。

そんななか、山本も「鳳翔」も奇跡的に助かっている。

それは、なぜなのか？

山本が日本海軍の通信兵としてではなく、通信員となって。また、「鳳翔」が空母ではなく、復員船として〝回頭〟し、生まれ変わり、新たな使命を果たすための宿命だったのかもしれない……。

終戦後、そう、山本はずっと考えつづけてきたという。

「空母『鳳翔』と私が生き残ったことには、きっと何か理由があるのだと思いますよ。その理由を探すために、私は生かされてきたのかもしれない……」とも。

◇　◇

山本重光は、1926（大正15）年7月10日、三重県伊賀市（旧島ヶ原村）の瓦屋《かわら》を生業とする旧家で、父、鹿之助、母、こぎんのもと、男4人女3人の7人兄弟の次男として生まれた。

滋賀県と京都府に接し、近くに木津川が流れる、山深い自然豊かでのどかな山村で育った山本は、地元の尋常高等小学校を卒業した後、兵庫県西宮市内にある鉄鋼会社の工場に就職する。

「旋盤工の見習いとして、住み込みで働きました。私はそこで日本海軍の魚雷の部品を作っていたんですよ」

平日は毎日、この会社で日中まで旋盤工として勤務した後、夕方になると汽車に乗って大阪市内へ。働きながら、夜学へ通っていた。

「会社が、私たち若い工員を夜学へ通わせてくれていたんです。機械系の工科学校の専門校でした。ここで私は機械の構造の基礎などについて。また、中国語などの語学も学んでいました」

1943（昭和18）年の暮れのある夜、夜間学校での授業を終えて、西宮市の鉄鋼会社の宿舎へと帰る途中。山本は偶然、大阪市内の通りの壁に張りだしてあったポスターを見つける。

「それは、海軍通信学校の生徒募集のポスターでした。来年で18歳になるが、まだ、自分は海軍の学校へ行くことができるのだろうか？　この募集は、自分にとって憧れの日本海軍へ入ることのできる最後のチャンスになるかもしれない」

そう、山本は考えると、居ても立ってもいられなくなった。

幼い頃から日本海軍に憧れていた山本は、このとき、通信学校の受験を決意する。

第二次世界大戦が始まり、日本海軍の通信兵と暗号要員の需要は激増していた。

海軍通信学校は神奈川県の横須賀にあったが、この需要増加に伴い、1943（昭和18）年5月、山口県防府《ほうふ》市に防府海軍通信学校が新設されたのだ。

「親戚に海軍兵がいて、三重の実家へ帰省していたとき、『これからは通信兵が有望だぞ』という話を聞かされていて……」

山本は通信学校への思いを募らせながら、受験に備えた。

日中は旋盤工としての技術を磨きながら、疲れていても毎晩、夜遅くまで猛勉強した結果、1944（昭和19）年2月、高倍率の難関で知られた海軍通信学校の試験を無事に突破し、合格する。

実は、通信学校への入学資格は旧制中学3年相当とされていたが、勤労しながら夜学を修了していた山本の努力が認められ、特例として受験資格を得ていたのだ。

山本は17歳になっていた。

「ついに自分は念願の日本海軍兵となるのだ……」

山本は武者震いする思いだった。

波乱の幕開け

防府の通信学校へ入校するため、故郷を離れる日が来た。

国鉄の島ヶ原駅（現JR西日本関西本線島ヶ原駅）のプラットホームに集まった家族や親族らに見送られながら、山本は満員の列車で、唯一、立つことができる場所を見つけた。列車と列車をつなぐ連結器の部分に飛び乗ったのだ。

だが、列車が発車しようとした瞬間。

「あっ、危ない……」

〝ガタン〟と大きな音を立て、列車が大きく揺れた。

「その衝撃で、私は連結器から足を滑らせ、そのまま列車から線路の砂利《じゃり》の上へと落下してしまいました」

尻もちをついて仰向けになって倒れこんだ山本は、すぐに起き上がると、ホームの上へ体を引き起こして立ち上がった。そして、動きはじめた列車を走って追いかけはじめた。

すると、連結器から身を乗りだした兄、重一が、腕を伸ばし、手を思い切りさしのべながら、「早く来い、重光！」と、叫んでいた。

3つ年上の山本家の長男、重一は、弟を途中まで見送るために同じ列車に乗り込んでいてくれたのだ。

重光は、全速力で列車を追いかけながら、列車がホームから離れる間際、兄が伸ばした指先を何とか握りしめることができた。

弟の指先をぐっとつかんだ重一は、そのまま手を握りしめ、たぐり寄せると、一気に列車の上へと弟の体を引き上げた。

「もう、列車が駅から走り去ってしまう……。そんな間一髪のところで何とか間に合いました。もし、入校初日から遅れていたら、どうなっていたことか……。見送りの人はみな、驚いた顔をしていましたが、なかには笑いだす人もいて、本当に恥ずかしかった。勇敢に海軍の通信学校へ向かう。そんな場面なのに、私は、とんだ格好悪い姿を地元のみんなに見られてしまったのですからね」

自らの性格を〝ひょうきん者でおっちょこちょい〟だと自認する山本の、〝海軍兵初日〟は、まさに波乱万丈の幕開けを予感させるスタートとなった。

弟を列車の上へと引き上げ、このピンチから救った兄の重一は、この後、海軍に招集され、激戦地として知られる、あの硫黄島へ配属されたという……。

こうして兄の助けを受けながら、無事に山本は、山口県の通信学校に到着した。

だが、一方で、そんな山本たちを迎え入れる日本海軍には余裕は残されていなかった。第二次世界大戦で劣勢に立たされていた海軍にとって、無線通信の専門の海軍兵の育成は急務の課題だった。

山本たち生徒をじっくりと時間をかけて一人前の通信兵に養成するための教育に時間を割く猶予

は、すでに日本海軍には残されていなかった。

「連日、陸上での行進訓練。そして海上に出てカッターを漕《こ》ぐ実技訓練や手旗信号も覚えました。座学では、無線通信のモールス信号の授業など……。それはそれは厳しい訓練が、朝から夜まで続きました」と山本は振り返る。

一日でも早く、戦場の最前線に新戦力としての通信兵を送りだすために……。教官もそうだが、山本たち生徒も、当時、日本海軍が置かれていた強い危機感を切々と感じとっていたという。

「すべての訓練が、習得期間を短縮して行われていました。私たち学生は毎日、教官にくらいつきながら猛勉強しました」

通常ならば、1年2カ月以上をかけて習得するはずのモールス信号の授業を、「この緊急時ですからね。私たち生徒は、約7カ月間に短縮して覚えさせられましたよ」と言う。

通信兵としての知識を叩き込まれながら、1944（昭和19）年秋、山本の通信学校の卒業の日が決まった。

卒業が決まると、それぞれの生徒たちが配属される軍艦の艦名が発表、通達される。

「自分は、どの軍艦に乗るのだろうか？　同級生たちは皆、緊張しながら、その発表を待っていました。一番人気が高かったのは、広島の呉工廠で建造されたばかりの最新鋭の戦艦『大和』でした」

世界の戦艦史上でも最大級の46センチ砲を主砲として搭載した日本海軍の旗艦（フラッグシップ）

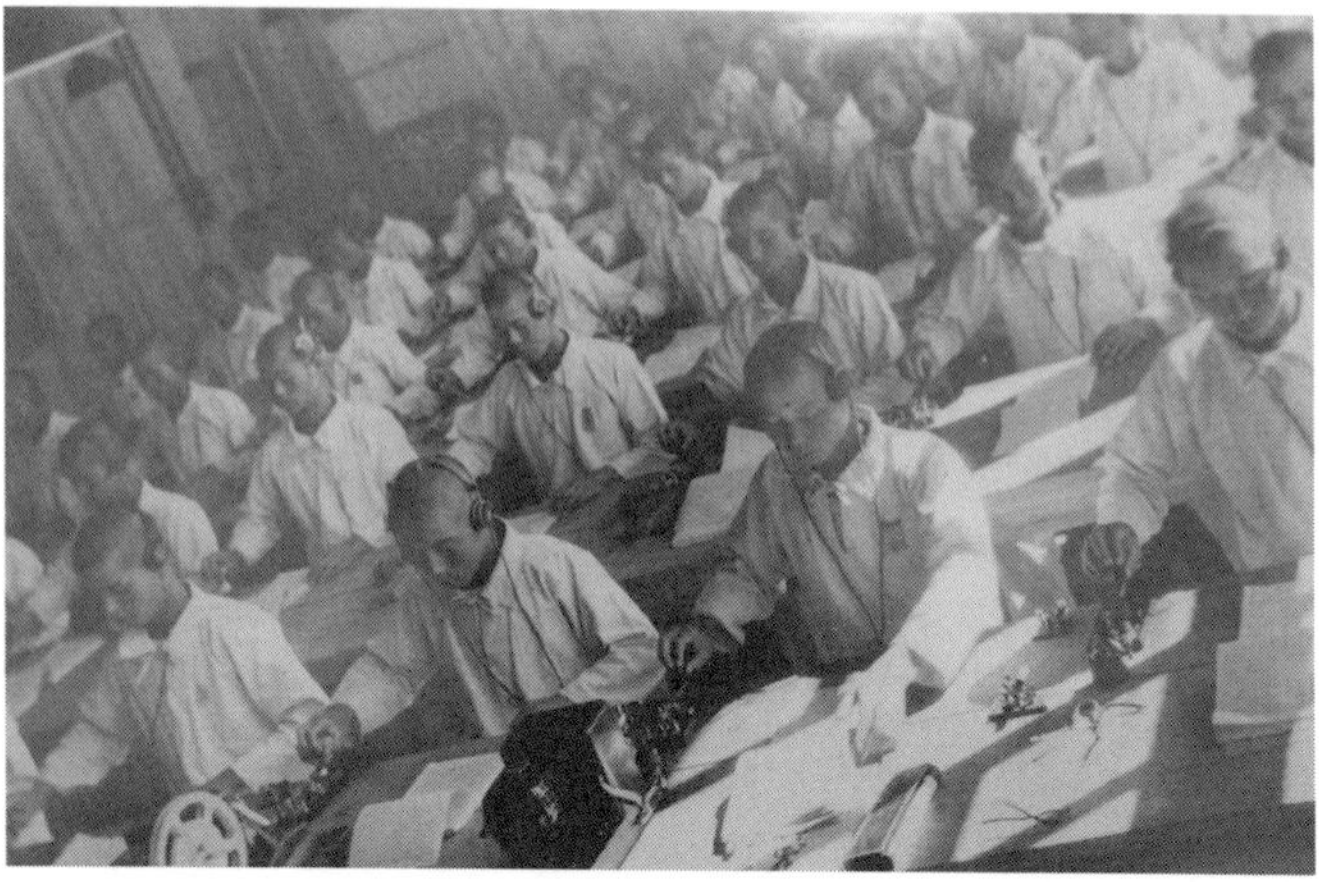

防府海軍通信学校第70期生のモールス信号の授業風景

として誕生した最新鋭の戦艦「大和」は、山本たち通信学校で学ぶ生徒にとっても別格の存在。「我々、すべての学生にとって、戦艦『大和』は憧れでしたね」と山本は振り返り、こう続けた。

「でも、いくら希望しても、成績優秀でなければ大和には乗れないらしいぞ……。そう言いながら頑張って勉強していた同期生たちは多かったですね」

実際、成績優秀だった、山本と仲が良かった友人の一人が「大和」へ乗艦することが決まった。

「この友人は、通信学校でも、ずっと、『俺は絶対に大和に乗るんだ』と、いつも私に熱く話していました。ですから『これでようやく親に報告できる』と、とても喜んでいた。裕福な家庭の子息で、親から贈られた短刀を、いつも大事そうに抱えていて。『この刀を携《たずさ》えて俺は大和に乗る』。そう自信に満ちあふれた表情で語る彼の笑顔が忘れられません。その友人とは、通信学校を卒業以来、会えていませんが……」

山本とともに学んだ通信学校の同期生のうち、この友人を含め計19人が、「大和」へ乗艦することに決まったという。

だが、「大和」は翌1945（昭和20）年4月7日、沖縄へ向けて海上特攻する途上、坊ノ岬沖海戦で、米艦隊の攻撃を受け沈没する。

「残念ながら、『大和』へ配属された19人の同期生は、誰ひとり、生還できたという話を聞いていません……。皆、あの沖縄特攻で戦死し、海に散っていったのです」

志願して「大和」に乗船していった通信学校の仲間たち。歯をくいしばって、ともに訓練に明け暮れた日々を思い浮かべながら、哀しげな表情で、山本は、こうつぶやいた。

「成績優秀で、志願し、彼らは旗艦『大和』の乗組員に選ばれたというのに。あまりにも皮肉な運命ですね……」

「瑞鶴」から「鳳翔」へ

果たして、山本の配属先は、どの艦に決まったのか？

「実は、私は当初、空母『瑞鶴《ずいかく》』に乗艦する予定だったのですが、急きょ、空母の『鳳翔』に乗艦するよう、命じられたのです」

山本に「瑞鶴」へ乗艦するよう内示が出たのは、海軍通信学校の卒業を間近に控えた１９４４（昭和19）年7月だった。

だが、その約3カ月後、１９４４（昭和19）年10月25日。

「瑞鶴」は沈没したのだ。

１千年生きるといわれる〝鶴〟と、「めでたい」という意味の〝瑞〟の二文字を合わせて「瑞鶴」

と命名された空母は、この名前のとおり、「幸運、強運を持つ奇跡の軍艦」と日本の海軍兵たちの間では呼ばれていた。

１９４１（昭和16）年12月の真珠湾攻撃から、１９４４（昭和19）年6月のマリアナ沖海戦まで。歴史に残る幾多の激しい海戦に、「瑞鶴」は、日本海軍の主力艦として出撃しながら、いずれの戦闘においても一発の被弾も受けずに日本へ生還してきたのだから。

だが、この幸運は永くは続かなかった。

１９４４（昭和19）年10月25日。日米の対戦における〝史上最大の海戦〟と呼ばれるレイテ沖海戦のなかのひとつ。エンガノ沖海戦において、「瑞鶴」は、米海軍による7本の魚雷を船側へ浴び、さらに、米艦載機による空爆で4本の爆弾を上空から浴び、航行不能となり、やがて沈没した。

〝幸運の船〟が持っていた強運も、ついに尽きたのだった。

「瑞鶴」をはじめ、このレイテ沖海戦で日本海軍は、壊滅的な打撃を受けた。

第二次世界大戦の開戦時、真珠湾攻撃で出撃した日本の空母は計6隻。

「赤城」に「加賀」、「蒼龍」「飛龍」「翔鶴」。そして「瑞鶴」。

その6隻のうち、最後のこの海戦まで残っていた唯一の空母が「瑞鶴」だったのだ。

最後の砦《とりで》ともいわれた「瑞鶴」の沈没によって、航空母艦を主要戦力として戦う日本海軍の機動部隊は壊滅したといわれている。

レイテ沖海戦で、次々と撃沈していく日本の軍艦を目撃した小沢治三郎中将は、「これがかつて全世界にその最強を誇った日本海軍の機動部隊の末路かと思うと情けなくなり、また日本の運命が、この機動部隊の末路のようになっていくのではなかろうか」と回想録のなかで語っている。

奇跡の〝不沈艦〟とも呼ばれた空母「瑞鶴」の沈没は、ひとりの海軍の新米通信兵の運命をも大きく変えることになる……。

兵士たちの運命を左右する、こんな経緯を経ながら、通信学校を卒業した山本の乗船する艦が、ようやく決まった。

その艦の名は「鳳翔」。

山本は、空母「鳳翔」への乗船を正式に命じられた。

山本たち通信学校で学んだ仲間たちの憧れだった戦艦「大和」は、呉工廠で建造される際、その艤装の詳細、性能を連合国軍に悟られないよう、極秘裏に建造されている。

呉工廠のドック内で建造中の「大和」を、〝敵の目〟から守る壁となり、カムフラージュして隠す役目を担ったのが、空母「鳳翔」だった。

史上最大46センチの主砲を、敵の目にさらさせないよう、「大和」の船体の右腹を陣取るようにして守りながら呉工廠のドックで佇む「鳳翔」の姿が、今も、建造中の「大和」を紹介する有名な写真の一枚のなかに写り込んでいる。

呉で建造中の戦艦「大和」（艦尾より撮影）の右舷を守るように停泊する
空母「鳳翔」の艦首が写真右端に写る

防府海軍通信学校第70期生。円内が山本重光

「俺は『大和』に乗るんだ」。そう誇らしげに胸を張って通信学校を卒業していった同期の仲間を山本が見送り、呉工廠で建造中の「大和」が完成するまで〝守り神〟のようにそばに寄り添っていた「鳳翔」に乗艦することになるのだから、運命とはやはり皮肉といえるかもしれない。

防府海軍通信学校を卒業した山本は、運命に導かれるようにして１９４４（昭和19）年11月、「鳳翔」の乗組員となった。

地獄の「鳳翔」

「鳳翔」は１９２２（大正11）年12月、日本海軍初の航空母艦として建造された。

このとき、英国海軍にも空母は存在した。だが、それらは当初、軍艦ではなく客船などとして建造された船体であり、後から飛行甲板や機銃などの装備が取り付けられ、空母に転用された。

設計の段階から空母として計画され、完成したのは「鳳翔」が世界初だったのだ。

それゆえに「鳳翔」は、日本海軍の軍人たちにとって、数ある歴戦の軍艦のなかでも代々、特別な空母して語り継がれてきた。

「鳳翔」が際立った存在だったことは、こんな〝現代の秘話〟からも伺える。

復員船になったばかりの「鳳翔」が、細田守監督の劇場版アニメ『未来のミライ』のなかに登場することを、先ほど紹介したが、実は、この細田監督の師匠でもある、日本アニメ界の巨匠、宮崎駿監督が手掛け、２０１３（平成25）年に大ヒットした劇場版アニメ『風立ちぬ』のなかのワンシーンに登場させているのだ。

『風立ちぬ』は、日本海軍のゼロ戦設計者として知られる堀越二郎をモデルにした作品だ。堀越が、艦上戦闘機のゼロ戦を設計するために、複葉機の「一三式艦上攻撃機」の後部座席に、友人の設計者と2人で乗り、「鳳翔」の飛行甲板へと降り立つ場面が描かれている。

このシーンは、堀越が空母を視察するため、「鳳翔」へ着艦するという内容。

第二次世界大戦が始まった頃には、すでに旧型の空母となっていた「鳳翔」は、実戦から遠ざかり、海軍が開発する新型艦載機の離発着の試験用として、また、若手パイロットたちの習熟訓練用などとして使用されていたのだ。

日本海軍史のなかで、艦載機開発のための役割を担った、古い歴史を持つ空母へのリスペクトの意味も込め、宮崎監督は「鳳翔」を描きたかったのではないだろうか。

「実は海軍兵の間では、こんな言葉が伝統的に、受け継がれていたんですよ」

その言葉とはこうだ。

〝鬼の日向か、地獄の鳳翔か〟

「つまり、どちらかの船の乗組員に選ばれることを、若い海軍兵たちは、皆、恐れていたのです。だから、両艦に配属されることが決まった新兵たちは、誇らしい思いを抱くとともに、恐れました。これから我々は、どんな地獄の訓練を受けるのだろうか……という不安に襲われたのです」

苦笑しながら、こう山本が教えてくれた。

戦艦「日向」は、日本初の空母「鳳翔」より2年早い、1918（大正7）年に完成している。第二次世界大戦の開戦時には、戦艦「伊勢」とともに旗艦として艦隊を率い、数々の海戦史に名を残す名艦として知られていた。

歴戦の旗艦（フラッグシップ）に対する誇りを守るため。

これら〝選ばれし艦〟に乗る幸運に恵まれた乗員たちには、その名誉とともに、他の日本海軍の艦にも増して、より厳しい規律が求められていたのだという。

「歴史と伝統を重んじる日本海軍の中でも、最古参といえる『鳳翔』は、やはり特別な存在だと身をもって知らされました。国内外の海軍軍人に鳴り響くような厳しい訓練、軍律で知られた軍艦でしたからね……」

だが当時、旧型の空母となっていた「鳳翔」は、山本が乗艦した頃には、海軍パイロットが着艦技術などを習得するための訓練艦として、また、敵艦を想定した攻撃機の目標艦として運用され、呉の軍港を拠点にしながら、瀬戸内海沖合いなどの訓練に参加。実戦に出ることはなかったという。

ただ、「通信兵の仕事は忙しかったですよ」と山本は語る。「三交代で通信室に入り、気象情報は東京から、軍の情報は呉からモールス信号で送られてくるのです。これを一文字も聞きもらさず書き起こしていくのです。通信室では絶えず緊張感が張り詰めていました」

〝地獄の「鳳翔」〟の乗員としての誇りを胸に、山本は海軍兵としての精神を鍛え、通信兵としての技術を身につけていった。

山本にとって〝運命〟の日が迫っていた。

1945（昭和20）年7月28日。山本は三交代制の当番として、このとき「鳳翔」の通信室のなかにいた。

日本海軍には、もう十分な燃料は残っておらず、「鳳翔」や「天城」などの空母、「日向」、「伊勢」などの戦艦、「青葉」、「大淀」などの巡洋艦は呉軍港に停泊したまま動けず、米軍機を迎撃するための砲台としての役割を担っていた。

「それは突然でした。米軍機による空襲が始まったのです。上空を覆い隠すように何百機もの米軍機の機影が広がり、空一面に、もうもうと黒煙と炎が立ちこめていきました。すぐに、海面には無数の

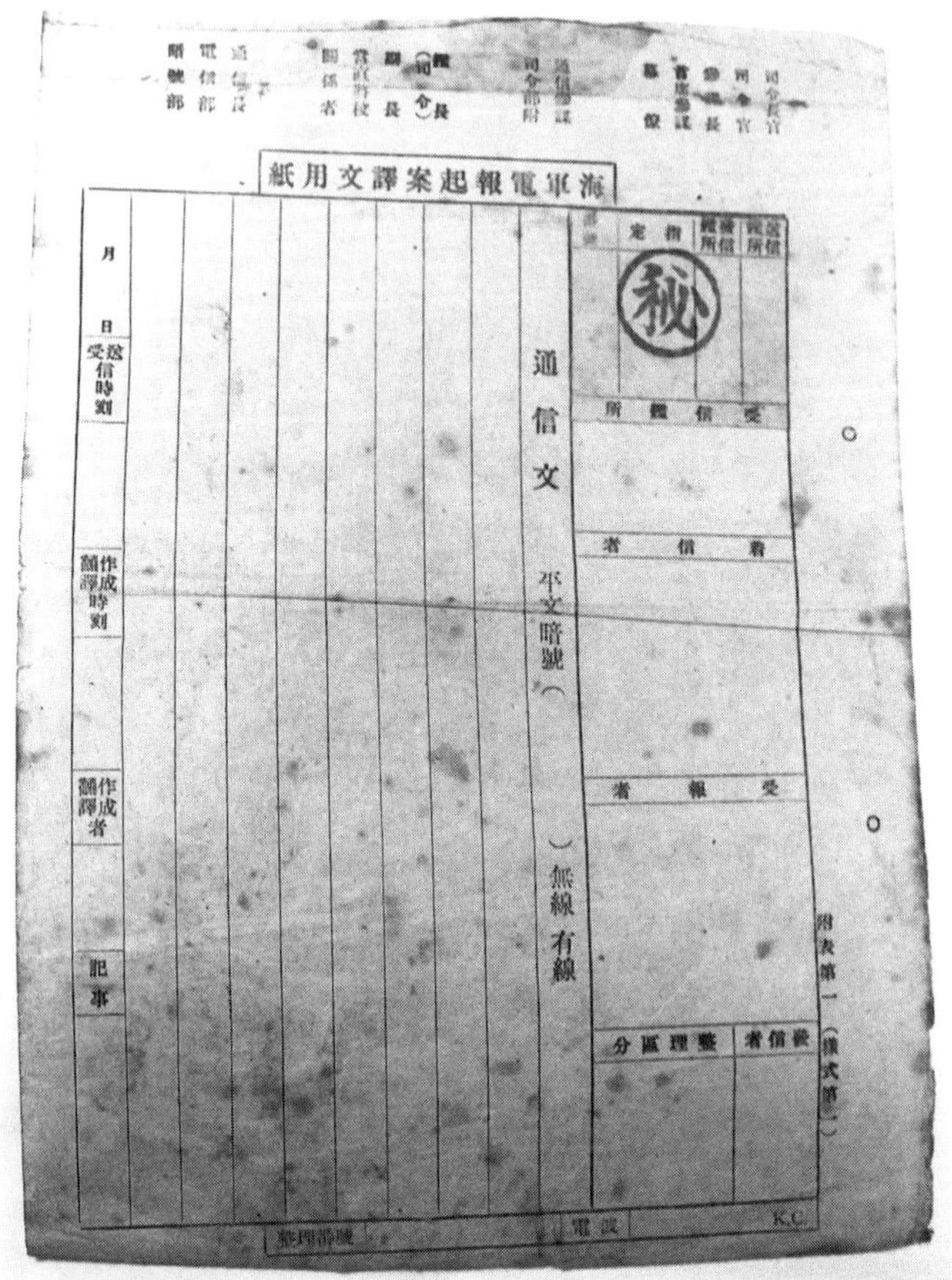

通信兵がモールス信号から電文を書き起こしていた用紙
（山本提供）

水柱が噴き上げはじめました」

山本の眼前で、呉軍港に停泊していた戦艦「榛名」や「伊勢」、「日向」などが次々と米軍機の爆撃により大破、横倒しになりながら沈んでいった。

「軍港は海底が浅いため、小さな駆逐艦などは海の中へ沈没していきましたが、巨大な戦艦や空母は横転し傾きながら沈み、艦底の赤い腹を見せた状態で次々と着底していったのです。それは言葉では表すことのできない、あまりにも悲惨な光景でした……」

「鳳翔」の通信室の舷窓から山本が目撃した惨劇は、まるで地獄絵図のようだったという。

「江田島に横付けされた『鳳翔』のすぐ東側。三ツ子島《みつごじま》に横付けされていた空母『天城』が、私の眼前で、赤い腹を見せながらゆっくりと横倒しに沈んでいく姿を、奥歯をかみしめながら見て、こう悟りました。もう誰ひとり、生き残ることはできないだろう……」

そう思った次の瞬間。当直の通信兵の悲痛な叫び声を山本は聞いた。

「『大淀』は沈みながらも、まだ機関砲で応戦中……」

この空襲の際、呉軍港で戦う全艦に指令を出していた軽巡洋艦「大淀」がついに沈んだのだ。目の前で繰り広げられる惨状に、山本は込み上げてくる涙をおさえることができなかったという。

「今日、我々、呉の日本海軍の艦隊は全滅してしまうのか……」

山本が動転している横で、当直士官が通信室の水密用の扉を閉めるよう命じる声が聞こえてきた。

士官は軍刀を立て、両腕で支えながらゆっくりと椅子に座ると、通信室にいた部下全員の顔を優しく見渡したという。

「このまま『鳳翔』が沈没したら、持ち場を守って全員で死のう……。言葉にはしませんでしたが、目が、そう伝えていることを、通信室にいる全員が悟った瞬間でした」

〝地獄の鳳翔〟と呼ばれたように、「鉄拳制裁やバッター（樫の木棒）で尻を叩かれるなど理不尽な体罰などは日常でしたが、生死がかかった瞬間、その厳しい訓練の意味を、この上官の目を見て、ようやく理解できた気がしました」と山本は語った。

この日、山本は、「はっきりと死を覚悟した」と言うが、奇跡的に「鳳翔」は、この激しい空爆を無傷でしのぎ、山本は死の淵から生還したのだ。

生死を分けた擬装

主要な軍艦が呉軍港から出港できないまま、次々と大破、沈没していくなかで、山本の乗艦する「鳳翔」は直撃弾の被弾もなく、米軍の空爆をしのいでいる。それは、いったいなぜなのか？

呉軍港が米軍による激しい空襲に見舞われる前の、１９４５（昭和20）年、春……。

江田島に横付けされた空母「鳳翔」の飛行甲板の上に、大勢の島民たちが集まり、重労働の作業に汗を流していた。

「米軍の大空襲を想定し、江田島の島民たちが結集し、島を挙げて、『鳳翔』を守ろうと擬装の作業をしてくれていたのです」と山本は説明する。

擬装とは、艦橋や飛行甲板などをシートや草木などで覆い、艦全体を島のように見せかけるカムフラージュのことだ。

他にも呉軍港の湾内には擬装していた軍艦はいくつもあったが、空爆を受けた艦は、いずれも上空から米軍機に、そのカムフラージュを見破られていたのだ。

「島民総出で数カ月間を費やし、漁網を編んで大きなシートをいくつも作り、その網の上へ、島から何度も往復しながら、山から採ってきた木々の枝や葉をかぶせていってくれた。この擬装のおかげで米軍の艦載機は、『鳳翔』を島の一部と錯覚し、上空を過ぎ去り、空爆を浴びずにすんだのです。『鳳翔』が生き残ることができたのは、江田島島民の渾身のこの擬装作業のおかげでした」

当時、上空から俯瞰《ふかん》した写真を見ると、まるで島の一部と化した「鳳翔」の姿を確認することができる。

「全長約一八〇メートルもある巨大な『鳳翔』を覆い隠すための島民の努力には、頭が下がります」

今も山本は呉軍港空襲を思いだすとき。島民たちに感謝の意を込めてこう振り返る。

空襲をしのいだ「鳳翔」(右上)。島民たちの懸命な擬装で島の一部のように見える

呉軍港で目撃した空襲を語る際、山本は一枚の水彩画を手に取り、広げて見せてくれた。

空を覆う無数の米軍機の機影。艦砲射撃で空一面は真っ黒だ。海に浮かぶ日本の軍艦は空爆で火を噴き、海上にはいたるところに無数の大きな水柱が上がっている……。

その水彩画は、山本が「この日見た空襲を忘れないために。後世へ語り伝えるために……」、そんな思いをこめて何時間もかけて描いた水彩画だった。

山本が見た地獄絵図には、まだ続きがある。

呉軍港空襲から9日後の8月6日、午前8時15分。

江田島で錨泊していた「鳳翔」の船体が激しく揺れた。艦内にいた山本の目の前で分厚く重い舷窓のハッチ（蓋）が勢いよく閉まる大きな音が、耳の奥まで鳴り響いたという。

「いったい、何事が起きたのだ？」

山本は「鳳翔」の狭い階段を一気に駆け上がり、飛行甲板の上に身を乗りだした。

「すぐ目の前に、巨大なきのこ雲がもうもうと吹きあがっていくのが見えました。その雲の影は『鳳翔』をも覆いつくすようでした」

次々と飛行甲板の上へと駆け上がってきた乗組員たちは皆、この不気味なきのこ雲を、驚愕しながら見上げていた。

「こんな大きなきのこ雲は見たことがない」

「米軍が開発した新型爆弾だろうか？」

不安な表情で乗組員らが口にする、こんな声を聞きながら、山本は「もし、新型爆弾なら、被害はとてつもなく甚大だろう。あの雲の下にいる人たちはどうなっているのか……」

「鳳翔」の飛行甲板の上から乗組員たちが見つめる方向。新型爆弾が投下されたのは呉から北の方向、広島市内だった。

「爆弾が投下されたと思われる地点は今いる『鳳翔』から約20キロ先……」。そう山本は目測したが、きのこ雲は「鳳翔」の飛行甲板の目前まで迫ってきていたという。

「米軍は呉軍港だけでなく、広島を、そして日本全土を壊滅させる気なのか……」

山本は己《おのれ》の運命を呪った。「このままずっと私は地獄絵図を見せつけられ続けるのだろうか。この生き地獄は、いつまで続くのだろうか……」と。

8月15日、終戦。山本は玉音放送を「鳳翔」の通信室のなかで、ただ呆然としながら聞いていた。

この、米軍による執拗な呉軍港大空襲、そして広島市への原爆投下の〝生き地獄〟の光景は、2016（平成28）年から国内で記録的にロングラン上映され、米、英など世界各国でも大ヒットした劇場アニメ『この世界の片隅に』のなかで克明に描写されている。

18歳のヒロイン、すずは、広島市の実家から、呉軍港の近くで暮らす北條家に嫁いで来る。すずの趣味は絵を描くこと。呉軍港を見おろす呉市内の丘の上から、すずが、港に錨泊する巡洋艦「青葉」などを写生する姿が描かれていた。

すずが描く、この呉軍港を写生した絵と、山本が見せてくれた水彩画とが重なった。

すずが描いた絵のなかでは、海軍兵となった、すずの幼馴染《おさななじみ》が乗艦する重巡洋艦「青葉」など日本海軍の軍艦が、勇壮に並んで停泊する姿が描写されている。

だが、山本が描く水彩画のなかでは、この光景は一転する。

すずが丘から見おろす、美しい呉の港の光景は地獄絵図と化す……。アニメでは、その残酷な事実がつぶさに映像としてスクリーンのなかで展開される。

7月の呉軍港空襲が始まる直前。

すずは呉市街地へ買い物へ出掛け、姪の手を引いて歩いていた。ふと、すずは、米軍機が投下していった道路脇の地面に突き刺さったままの爆弾を見つける。「あっ!」。あわてて姪の手を引っ張り、その場から離れようとした瞬間、爆弾の信管が作動し、爆発する……。

逃げるのが遅れたことを悟った瞬間、すずは意識を失う。

気が付いたすずは、爆風によって自分の右手を失い、この右手を握っていた幼い姪は、命を落としたことを知る……。

さらに、この空襲後。8月6日。広島市に落とされた原爆投下でも、すずは地獄を見ることになる。

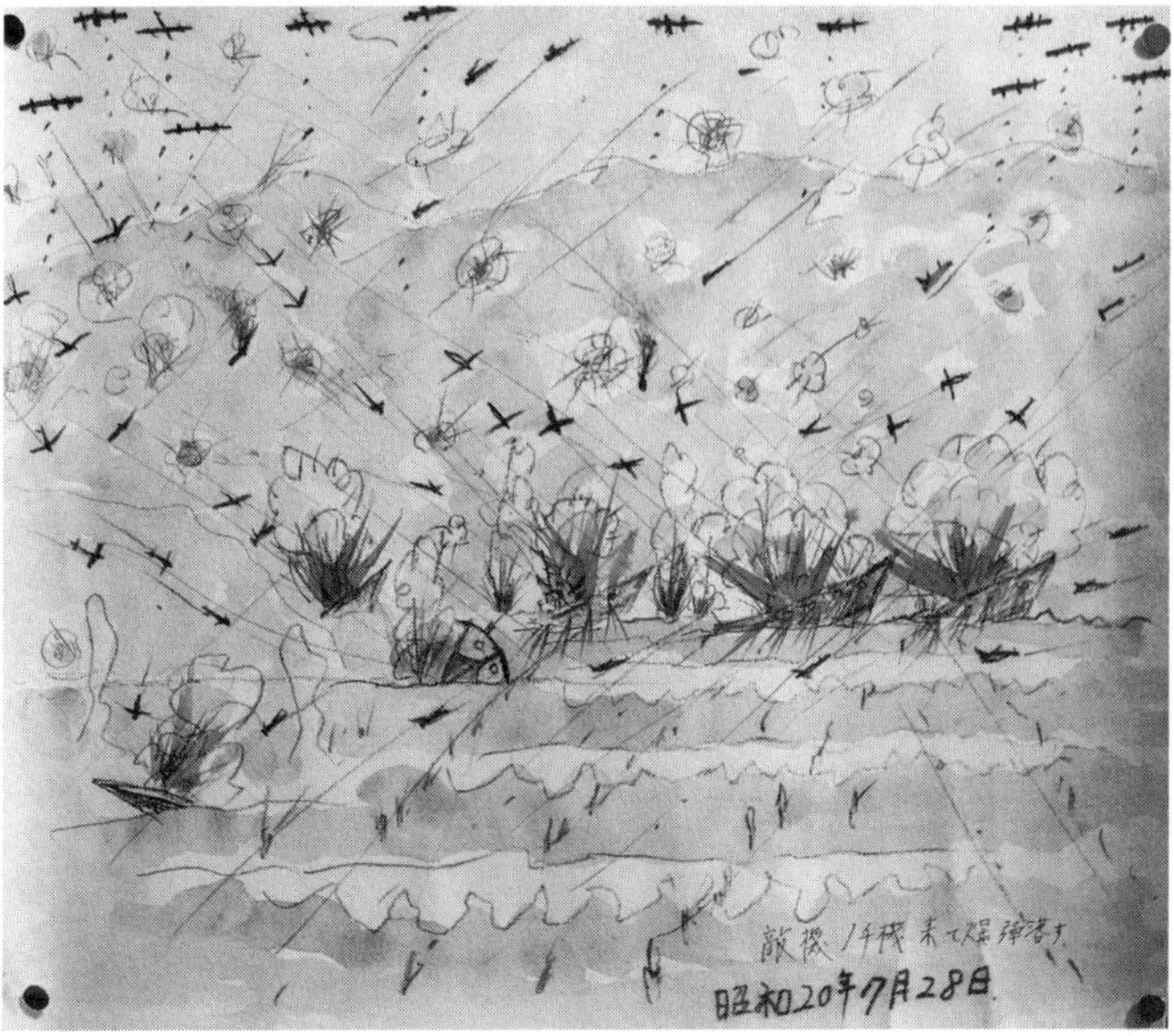

昭和20年7月28日の呉軍港空襲。
山本が「鳳翔」の舷窓から見た光景を描いた水彩画

昭和20年7月28日呉軍港空襲時の主要艦艇の停泊位置(一部推定)

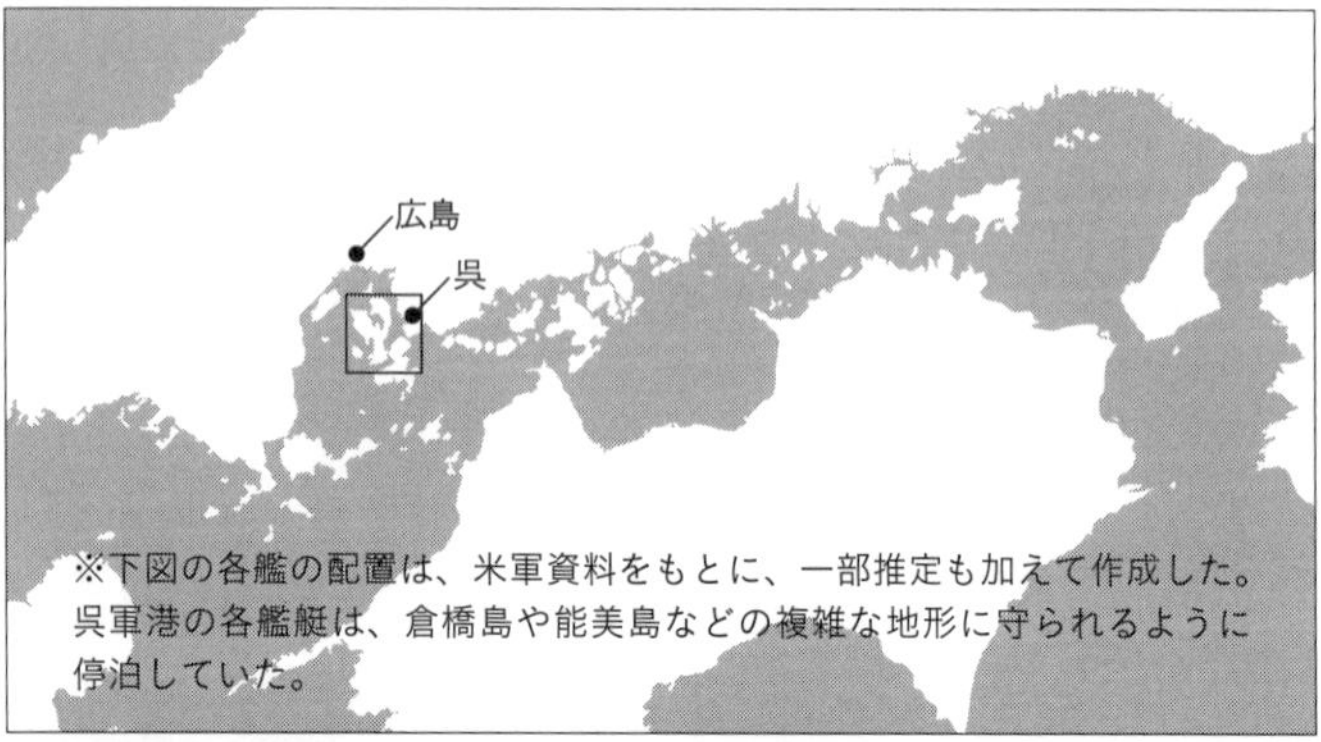

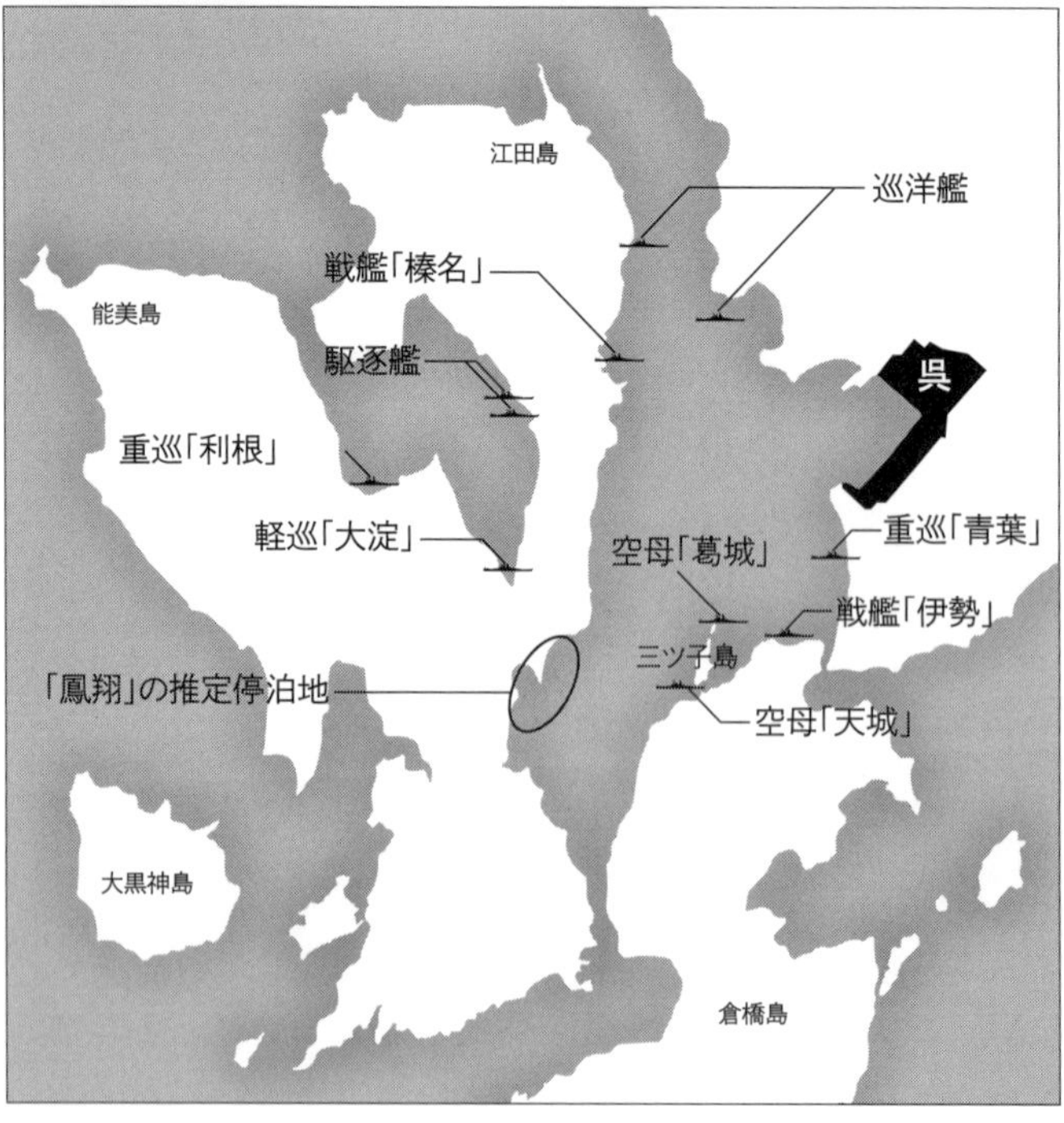

広島市内のすずの実家は原爆に襲われ、すずの妹が被爆してしまうのだ。

原作者の漫画家、こうの史代《ふみよ》は、呉空襲の際、防空壕のなかで米軍機の爆弾投下の音を聞いていた呉市民や、広島原爆の被爆体験者たちを取材し、その〝声〟を臨場感豊かに漫画のなかでまざまざと再現。これをアニメ作家の片渕《かたぶち》須直《すなお》監督がアニメ化して、現代のスクリーンに蘇らせたのだ。

漫画やアニメで描かれた『この世界の片隅に』の平面の世界、そして山本が「鳳翔」の舷窓から見た光景を描いた水彩画、その証言によって立体化され、その光景が目の前に広がってくるようだ。

この地獄絵図は、決して風化させてはならない。

こうのを取材した際、彼女はこう明かした。

「漫画を連載中、実は不評だったんですよ。こんな地味な戦争の話はもういい……と」

こうのは、さらにこんな衝撃的な事実を私に打ち明けた。

すずが右手を失った後……。

こうのは、その後の連載を、利き腕の右手ではなく、左手だけで続けたのだった。

日本人が決して忘れてはならない戦争の記録を描き記して後世へ伝え残すために……。

すずの怒りと哀しさの感情を、紙の上に叩きつけるような力強い筆致で最後まで連載を続けたのだ。

南十字星

「私が目の当たりにした、あの地獄絵図は、本当に現実の世界だったのだろうか？」

静かな南洋の海を走る「鳳翔」の飛行甲板の上にあがって、ひとり夜空を見上げながら、山本は、ふと、こんな感慨にふけっていた。

波を切りながら、洋上を巡航速度で突き進んでいく「鳳翔」。甲板に吹き上げてくる海風が、ほほにあたって心地よい。

どこまでも澄みわたった雲ひとつない夜空には、南十字星が、燦然《さんぜん》と、鮮やかに輝いている。

「ここは、天国なのだろうか？」

南洋に向かうとき。そして、日本へ帰る洋上で、山本は、夜空を見上げながら、何度も、そんな錯覚に見舞われたという。

地獄絵図のような呉軍港空襲の渦中からの、奇跡のような生還。

そして、悪夢のような広島の原爆投下の光景を、間近に、つぶさに見てから、まだ数十日しか経過していないのだ……。

「あの光景は、遠い昔の記憶だったのだろうか？」

いや、違う……。

　甲板の上で山本は首を振って、それを否定した。

「ここは天国などではない。なぜなら、ジャルート環礁で待っていた日本兵たちは、皆、やせこけて、真っ黒で、悲壮な顔をしていたではないか。戦場になった島は、きっと『鳳翔』の乗組員たちが経験した、想像を絶するような生き地獄だったに違いないのだから……。私が呉の軍港で見た、あの情け容赦のない空襲のように、今、思いだしても、残酷で恐ろしく、むごい、同じ生き地獄だったに違いないのだから……」

　山本は、そう頭のなかで何度も否定していた。

　だが、当時の地獄を思いだしながらも、山本は、こう語った。

「どこまでも透明な海に浮かんでいたジャルート環礁の美しさは、今も忘れることはありません。そこは、地球上の楽園に見えました。呉で見ていた地獄を忘れてしまうような……」と。

　山本の頭のなかで、地獄と天国、天国と地獄の両極の光景が、めまぐるしく交錯していることがわかった。

「南洋の海上で眺める、無数の星がきらめく、雲ひとつない、澄みわたった大空。そこにきらめく南十字星の美しさは、この世のものとは思えないほど、それはそれは、きれいでした。確かにあれは天国だったのだ。生きているからこそ見ることのできた地球上の天国なのだ。あれは地獄を生き抜いた、いや、生かされた私に見せてくれた天国だったに違いないのだ……。そう思わずには、いられませんでした」

昭和19年、防府海軍通信学校時代の山本重光

文豪が見た天国

小説「李陵」や「山月記」などで知られる作家、中島敦《あつし》（1909～1942年）は、作家となる以前、教員をしながら小説を執筆していた。その後、「教科書編纂書記」という肩書を持つ官吏として、日本の委任統治領となった南洋諸島に設置された「パラオ南洋庁」に派遣されている。

戦場と化す直前のジャルート環礁を訪れていたのだ。

中島が、このパラオに赴任していた頃。

いくつかの周辺の島々へ出張で出掛けており、ジャルート環礁にも滞在している。

短編小説や、日本で暮らす妻子に宛てて綴った書簡などを収録した短編集『南洋通信』のなかで、中島は、こんな一文を残している。

《僕は今迄の島でヤルートが一番好きだ。一番開けていないで、スティヴンスンの南洋に近いからだ。（中略）ヤルートは不便だ、とみんながコボスという。寂しいともいうそうだ。僕は、まるで反対だ》

海洋冒険小説『宝島』で知られる英国人作家、スティーブンスンは、晩年、南太平洋のサモア諸島で暮らしている。

スティーブンスンの生き方に共感していたという中島も、また、南洋の島々に惹《ひ》かれたのは自然だったのかもしれない。

ヤルートの海を目の当たりにし、中島はこう描写している。

《早朝、深く水を湛えた或る巌蔭で、私は、世にも鮮やかな景観《ながめ》を見た。水が透明で、群魚遊泳の状《さま》の手に取る如く見えるのは、南洋の海では別に珍しいことはないのだが、此の時程、万華鏡の様な華やかさに打たれたことは無い》

中島は、「一時間余りというもの、私は唯呆れて、呆然と見惚れていた」と打ち明け、さらに、こう綴る。

《内地へ帰ってからも、私は此の瑠璃と金色の夢の様な眺めのことを誰にも話さない。私が熱心を以て話せば話す程、恐らく私は「百万のマルコ（マルコ・ミリオネ）」と嗤われた昔の東邦旅行者の口惜しさを味わねばならぬだろうし、又、自分の言葉の描写力が実際の美の十分の一をも伝え得ないことが自ら腹立たしく思われるであろうからでもある》

硬質な文体、重厚な描写で知られる中島が、ヤルートへの思いを綴った文章は、高揚した感情を、そのまま、まるで子供か若者が語る楽しい思い出の体験記のように、素直に綴られていて興味深い。

中島が、ジャルート環礁を出張で訪れたのは、１９４１（昭和16）年9月末の頃だった。

その約3カ月後の12月8日。

日本は、米ハワイへ真珠湾攻撃をしかけ、第二次世界大戦の深みへと突入していくのだ。

開戦が迫るなか、日本へ帰国した中島は、翌１９４２（昭和17）年12月、33歳という若さで死去する。

彼が、「今迄訪れた島で一番好きだ」と書き残したジャルート環礁は、その数年後には日米が、南方の領海、制空権を懸けた激戦地となり、「スティブンスンの南洋に近い」と愛した島は、生き地獄の様相を呈することになる。

そして、終戦直後……。

復員船「鳳翔」に乗って山本が訪れたジャルート環礁は、再び、世界で最も美しい島のひとつへと戻ろうとしていた。

「米軍による激しい爆撃で、美しい島は、いたるところ、穴ぼこだらけにされてはいましたが……」と山本は語るが、中島が、「一時間余りというもの、ただ呆然と見惚れていた」ジャルートの海の美しさに、山本もまた、吸い寄せられるように、ただ、ずっと見入ったまま、魅了されていた。

人生において、最も多感といえる20歳の頃に、山本は、人間が遭遇するなかで考え得る〝最も悲惨な戦場のひとつ〟を目の当たりにした。

そして、その〝生き地獄〟を見てから、わずか数カ月後。山本は、ここジャルートで、平和を取り戻した〝地上の楽園〟を、静かに眺めていた。

地球上の〝天国と地獄〟を短期間のうちに行き来し、両極の光景を、つぶさに瞼《まぶた》の裏に焼き付けながら……。

なぜ、この〝蜃気楼〟のような光景を、山本は今、見せつけられているのだろうか？

南の海の上で、そう考えながら、やがてたどりついた答えがある。

「自分の目の前で、この数カ月の間にめまぐるしく体験していることには、きっと意味があるはずなのだ。生かされたことには意味があるのだ……」

19歳の山本はそう考えた。そして、96歳を超えた今、こう確信している。

「この戦中戦後の〝天国と地獄〟を、この〝蜃気楼〟を、後世へと語り伝えることを運命づけられたのだ……」と。

第五章 全速前進（ぜんそくぜんしん）——南へ、西へ……——

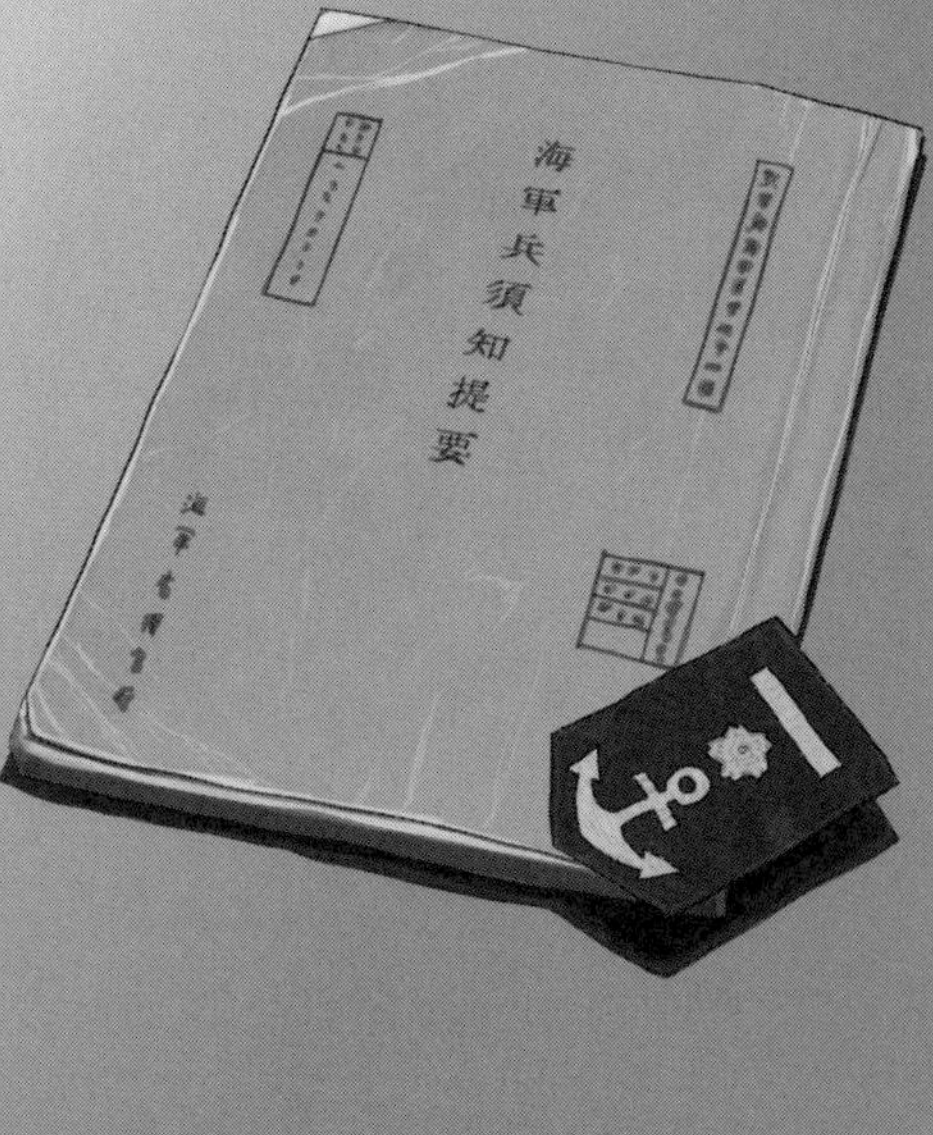

無数の機雷が潜む瀬戸内海や日本近海を抜け、はるか4500キロ離れた南の島から引揚者たちを無事、日本へ連れ帰ってきた「鳳翔」。だが、山本たち乗員に休む暇《ひま》などはなかった。

全速前進――。今度は赤道を越えて、さらに南へ、そして東南アジアへ。「鳳翔」は全速力で世界の洋上を駆け抜け、引揚者らが待つ次の港を目指した……。

ソロモンへ

往復約1カ月をかけての「鳳翔」の初めての復員活動が終わった。だが、母港・呉へ戻った山本ら乗組員に休息のときは訪れなかった。

すぐに次の復員活動の任務が下されたのだ。

2回目の目的地は、パプアニューギニアにあるソロモン諸島のブーゲンビル島。

南北に細長く伸びた、この島の西岸にあるタロキナ（トロキナとも呼ばれた）岬を目指し、「鳳翔」は再び母港・呉の港を出発した。

日本からブーゲンビル島までの距離は、第1回の4500キロを超え、約4800キロも離れていた。

「日本から片道だけでも15～16日か。今度は、さらに長い長い遠洋航海になるぞ……」

通信員として初めての遠洋航海の任務をこなし、自信をつけた山本は、身が引き締まる思いがした。

なぜならば、「この任務こそが、復員船として復活した日本の軍艦のなかでも、輸送人員が最大級、かつ、航続距離も最長クラスの元空母『鳳翔』の出番にふさわしい……」、そう思ったからだ。

山本が、「自然と体に力が、心に気合いが入ってしまって」という理由が、他にもあった。

「ついに、あの島へ向かうのか……」

通信室のなかで、山本は感慨深げに、ひとり、こうつぶやいていた。

ブーゲンビル島は、ニューギニアの激戦地のひとつだが、日本海軍のすべての軍人にとっては〝特別な場所〟のひとつでもあった。

第二次世界大戦の開戦時以来、日本海軍にとってシンボル的な存在だった山本五十六《いそろく》・連合艦隊司令長官が戦死した島として、その名が知られていたからだ。

「最も過酷な激戦地であり、真珠湾攻撃を指揮した山本五十六長官が眠る、あの島へ、これから、我々生き残った元海軍兵たちが向かうのか……」

山本重光は胸を締め付けられるような緊張感とともに、一方で、そんな高揚感を抑えきれずにいた。

◇　◇

さかのぼること、1943（昭和18）年4月18日、午前6時過ぎ。

山本五十六は、ブーゲンビル島に築かれた海軍前線航空基地で戦っている将兵たちをねぎらうために、転戦中のラバウルの基地から、一式陸上攻撃機（一式陸攻）に搭乗し、離陸した……。

だが、この日の山本の行動については、米軍にすべて把握されていた。米軍は日本海軍の無線を傍受し、事前に暗号が解析されていたのだ。

米軍は、一式陸攻で移動中の山本を暗殺しようと計画、それを実行に移した。

山本が飛び発つ直前、米軍は、高速で航続距離の長い双発のP‐38戦闘機18機をガダルカナル島の基地から出撃させ、ブーゲンビル島の上空で待機させていた。

片や、山本が搭乗する一式陸攻を護衛するゼロ戦は、このとき、わずか6機しかついていなかったとされる。

山本の機体は、待ち伏せしていた複数のP‐38から集中砲火を浴びせられて墜落。

機体は炎を吹き上げながらブーゲンビル島の山の中へ墜落し、不時着した。

後に、一式陸攻の残骸が散らばった焼け跡から、山本の遺体が発見される……。

◇　◇

「海軍兵だった私にとって、山本長官はずっと憧れの存在でした。その終焉の地に、これから向かうのか……。そう思うと、胸がいっぱいになりました」

日米が南洋の覇権を懸けた「ブーゲンビル島の戦い」は１９４３（昭和18）年11月1日に始まり、終戦まで続いた。

第二次世界大戦史のなかでも、最も苛烈な戦闘のひとつといわれている。

ブーゲンビル島は、第一次世界大戦後、オーストラリアに統治されていたが、１９４２（昭和17）年、日本軍が占領し、島に飛行場を建設。これに対し、米軍は制海権、制空権を奪い返そうと執拗に飛行場への攻撃を繰り返し、さらに何度も上陸作戦を敢行。日本軍は抵抗し、島を死守するが、優勢に立った米軍によって周囲を占領され、島への補給路がすべて断たれてしまう。

そして、日本の兵隊たちは島で孤立したのだ。

食糧や医薬品が尽きるなか、生き残った兵士たちには地獄のような生活が続いたという。島にわずかに実ったヤシの実などは食べ尽くし、畑を耕してイモなどを栽培するが、酷暑の島で収穫できる食糧は、ごくわずかだったという。

栄養失調になって餓死したり、マラリアやチフスにかかって病死したりする兵士は増えつづけた。

同じく、激戦の後に、補給路が断たれ、救援物資が届かないなか孤立し、生き地獄にさらされたガダルカナル島は、兵士たちから、「餓島《がとう》」と呼ばれ、ここブーゲンビル島は、「墓島《ぼとう》」（当時、「ボーゲンビル島」と発音されたため）と呼ばれた。そのサバイバルの凄惨さは、「戦闘以上の過酷さでもあった」、と山本たち海軍兵には伝わっていた。

赤道を越えて

呉港を出た「鳳翔」は時速約14ノット（時速約26キロ）で、快調に太平洋上を南へと突き進んでいった。

そして、赤道が間近に迫って来ていることを通信室で山本は確認していた。

「船が赤道に近づいてくると、通過する5分ほど前に、それを知らせる艦内放送が行われるんですよ。こんな風にね……」

《赤道通過5分前。間もなく当艦は、赤道を越えます。間もなく赤道を越えます》

「この艦内放送が始まったとたん、乗組員たちは、みんな急いで『鳳翔』の甲板の上に駆け上がっていくんです。次々と飛行甲板の上に集まると、次にみんなで、じっと海を見つめます。すると、こんな声が、あちらこちらから聞こえてくるのです。『赤道っていうのは、目に見えるものなのだろうか？赤道というぐらいだから、やっぱり色は本当に赤いのかなあ？』。そんな冗談を言いあうんですよ。甲板から、穏やかな波を眺めながら……」

一度、洋上へ出てしまうと、景色はほとんど変わりばえしない。

乗組員たちにとって、単調な海上での生活のなかで、数少ない楽しみのひとつが、この、「赤道を越える瞬間だったのかもしれませんね」。そう笑いながら山本は振り返る。

「しかし、これから先、『鳳翔』の乗組員にとっては、この特別だった赤道越えも、まるで日常生活のような、とくに驚くこともない〝恒例行事〟のようになっていくのですが……」

復員船での任務を続けるなか、山本たち「鳳翔」乗組員たちは、この赤道の上を越えるセレモニーを、これから何度も体験することになるのだ。

心勇む思いで日本を出た山本だったが、2週間近くも洋上にいると、さすがに気が滅入《めい》ってくることもあった。

「広い太平洋の真っただ中にいると、いくら進んでも風景が同じで、まったく変わらない。本当に、明けても暮れても海ばかり……」

そんな独り言が、つい口から出てくるのも無理はなかった。

そして、15日目。

ようやく島影が洋上のはるかかなたに見えてきた。

全速から徐々に速度を落としながら、「鳳翔」は、タロキナ岬の港に近づいていった。

しだいに、〝墓島〟と呼ばれた島が、その全貌を現しはじめた。

標高2千メートル級の山々が連なり、うっそうと生い茂る木々……。

飛行甲板の上から眺めていた山本は戦慄した。

「まるで、ここは、未開のジャングルそのものだ……」

ニューギニアの覇権を懸けた、日本軍と連合軍との戦いは熾烈を極めた。艦砲射撃や空襲で、標高2千メートル級の山々は、その形状さえ変わり果てていた。無数の爆弾によって山は焼かれ、ジャングルは、ところどころ〝はげ山〟になっていた。

連合軍に制空権を奪われ、苦労して築きあげた飛行場が壊滅状態になっても、日本軍はこの島を放棄しなかった。

連合軍に、タロキナ岬に飛行基地を築かれ、占領された後も、日本兵はジャングルに逃げ込んで抵抗を続け、終戦まで戦闘は続けられたのだ。

その後も、日本軍が逃げ込んだジャングルには、容赦ない空襲が浴びせられ、マラリアやチフスなどが蔓延。

米軍の師団長は、日本兵が投降しても、捕虜とせず、射殺するよう命じていたといい、島で戦いつづけた多数の日本兵が虐殺されていったという。

「こんなジャングルの島で、補給路を断たれた日本兵は、どうやって暮らしていたというのか?」

《ジャワの極楽、ビルマの地獄、死んでも帰れぬニューギニア》

戦死、餓死、そして自殺……。

ニューギニアで戦った日本の兵士は、餓死や、飢えの苦しみに耐えかねての自殺など、戦争以外の理由で大勢、亡くなっている。その、あまりにも凄惨な島での戦いを称し、こんな言葉が、自虐的に語り伝えられていたのだ。

「この言葉の本当の意味が、自分の目で島を見て、初めて理解できました。しかし、よくぞ、みんな生きていてくれた……」

弱々しい足取りながらも、桟橋にかけられた梯子《はしご》を踏みしめ、「鳳翔」へ乗り込んでくる日本兵たちの姿を見ながら、山本は涙がこみあげてきたという。そして、感謝の思いをかみしめていた。

「お迎えに来ました。本当に、本当にお疲れさまでした……。祖国・日本へ帰りましょう……」

「鳳翔」の乗組員たちは敬礼をし、こう声をかけながら引揚者たちを迎え入れた。

「迎えに来てくれて、ありがとう……」

「ずっと待っていました。これで、ようやく帰れるのですね……」

皆が疲れ切った表情をしていた。それでも、声を振り絞るようにして、「鳳翔」の乗組員たちに感謝の思いを伝える屈強な兵士たちもいた。

「やはり、ジャルートのときと同じく、皆、真っ黒に日焼けし、がりがりにやせこけ、そして、お腹だけがポコンとせりだしていました」

「鳳翔」に乗船したほとんどの兵士が、栄養失調の状態だったという。

ブーゲンビル島の日本軍は、1945（昭和20）年9月3日に降伏。武装解除後、捕虜収容所に集められたが、その環境は劣悪で、約1割が、マラリアなどで死去していた。

生き残った日本兵には、満足な食糧は与えられず、数カ月にもわたり栄養失調の症状を発症したまま、ただ、復員船の到着を待っていたのだ。

戦争を生き抜いた後も、日本兵は、この島ではオーストラリア兵たちから捕虜として人間扱いされず、死の淵にいたことが、すぐに見て取れた。

ブーゲンビル島で、日本の帰還兵を乗せた「鳳翔」は、そのまま太平洋を西へと〝転戦〟する。

ニューギニア島の北岸にあるウェワクへと向かったのだ。

「ここも同じだ。どんな過酷な生活を過ごしてきたのだろうか。一刻も早く急いで帰らなければ。体力が衰退したみんなを、急いで日本へ連れ帰らなければ……」

ブーゲンビル島、そこから移動してのニューギニア島……。

日本から2週間以上をかけての長い遠征だった。

だが、往路の航行の苦労も忘れ、すでに、山本の頭のなかは、日本への復路の航行のことで、いっぱいだった。

「死んでも帰れぬ、ニューギニアか……。そんな地獄を、彼らはようやく脱出できたのだから……。何とか無事に日本の故郷へ連れ戻させないと。『鳳翔』の乗組員たちは皆、同じ思いでしたよ。死なせずに、生きて帰すために！」

こんな、はやる気持ちを抑えながらも、山本には少し気がかりなことがあった。

それは、「通信室で受信した気象情報です」と明かす。

「日本への帰路の途中。とてつもなく大きな嵐が起こるかもしれない……」

しかし、山本は、そんな不安を拭い去るように、こう考え直すことにした。

「こっちは、そんじょそこらの小さな船とは違うのだ。日本海軍を代表する元空母『鳳翔』だぞ。全長170メートルもある、排水量1万トンを超える巨大な軍艦なのだ。いくら南洋の大きな嵐とはいえ、問題はないだろう」

そう、信じ、楽観しようとしていたのだが……。

大海の脅威

「どうも、嫌な予感は的中しそうだな……」

ブーゲンビル島を出港する前によぎった不安な思いが、現実のものとして、山本の頭に蘇ってきた。

日本への復路、島の戦いで身も心もぼろぼろに傷ついた日本兵と、山本たち乗組員を乗せた「鳳翔」は、赤道近くの洋上で、これまで経験したことのないような巨大な嵐に遭遇する。

「私は、ずっと通信室にいたので、東京の気象台の情報から、帰路に大きな嵐に遭遇するであろうことは、事前に予測はできましたが、まさか、こんな想像を絶するような大きな嵐に遭遇するとは……」

旧式な艦であるとはいえ、空母として建造された「鳳翔」は堅牢かつ、全長が約170メートルもあり、少々大きな波程度は乗り越えることができ、びくともしない。

ところが、このとき、「文字通り太平洋のど真ん中」で山本たちが遭遇した波は、その想像のスケールを、はるかに超えていたという。

「遠くに見えた、その波の幅は100～200メートルの大きさがありました。つまり、『鳳翔』を、軽く飲み込んでしまうほどの大きな波だったのです。まともに、この波の上に乗っかれば、いくら空母『鳳翔』といえども、船体が真っ二つに折れてしまうかもしれないし、横転し、沈没してしまう可能性がある。太平洋の海上で、もし、そうなれば、救出などは不可能で、全員が水死してしまうかもしれない……」

押し寄せてくる巨大な波に翻弄され、「鳳翔」の船体は、左右上下に何度も大きく傾いた。

「遠くにあっても大きく見えた波ですが、実際に目の前に迫ると、はるかにその規模は想像を超えていました。これは、もうだめかもしれないな……」

山本がそう弱気になったのも無理はない。

「波の高さは20〜30メートル以上は、あったと思います。何度も『鳳翔』の船体が、波の背に乗りあげたのです。キール（船首から船尾の船底を支える骨組）がきしみ、ぎしぎしとしなるような、ものすごい音を立てました。もう折れるのではないか……」

何度も、そんな恐怖にとらわれたという。

「波の背に乗り上げたとき。船尾のスクリューが、海面から露出して、空転しているのがわかりました。歴戦の海軍軍人たちが多く乗り込み、操舵している『鳳翔』とはいえ、こんな巨大な波は、誰も経験したことがないと思いました。そんな化け物のような波でした」

しかし、かつて新兵として乗り込んだ山本たちが、〝地獄の鳳翔〟と恐れた空母である。

「鍛え上げられた歴戦の日本の屈強な海軍兵たちの操舵技術は見事というほかなかったです」

荒れ狂いながら、何度も襲いかかってくる、この化け物のような巨大な波を、巧みにかわし、しのぎ、「鳳翔」は無事、その危険水域からの脱出に成功する。

「もし、このときの復員船が『鳳翔』でなければ、この嵐はしのげなかったかもしれません。呉軍港大空襲のときといい、私は何度も死の淵を見てきましたが、そのたびに命が救われた。本当に幸運だったと思います……」

山本の運命とともに、「鳳翔」もまた、幸運の女神に守られづづけた、選ばれし〝強運の軍艦〟だったことは間違いないだろう。

実は、これまでにも「鳳翔」は何度も台風の危機を乗り越えてきている。

1935（昭和10）年、津軽海峡での軍事演習中にも台風に遭遇。巨大な波によって、飛行甲板の前部が下方へと捻じ曲げられ、歪曲し、演習中、航行不能の事態に陥っている。

堅牢で巨大な空母でさえ、自然の脅威には勝てないのだ。

山本が太平洋上で体験したこの大嵐の恐怖は、屈強な海軍兵にとっても、どれだけ恐ろしかったことかが想像できる。

このとき、もし「鳳翔」が太平洋上で航行不能の状態になっていたら、せっかく日本へ帰ることができると信じ、乗り込んだ日本兵たちも、山本たち「鳳翔」の乗員も、助かる見込みはなかっただろうから。

水葬の哀しみ

津波のような嵐を乗り越え、日本への到着まで、あと数日と迫った頃だった。

「トロキナから乗り込んできた日本兵たちは皆、栄養失調の状態。なかには　餓死寸前の人も少なくなかった。寄港先の横須賀港が見えようかとしていたとき。一人の若い日本兵が息絶えました。そのとき、ずっとそばに寄り添っていた彼の友人が叫び声を上げました。『まだ、死ぬな。もう、日本がそこまで見えてきているんだぞ。あと、少しじゃないか。生きて一緒に帰ろう！』と。そう泣き叫ぶ哀しい叫び声が、艦内に響きわたりました……」

航海中、船内で亡くなった遺体は、水葬にして、海に流すのが洋上でのルールである。

「私たち乗組員たちは皆、甲板の上に並び、敬礼して遺体を見送るのです。とても寂しく、哀しい光景でした……」

涙を浮かべて語る山本は、わずか20歳の若さで、この水葬の光景に何度も立ち会ってきたのだ。

「南洋での過酷な戦闘を生き残り、復員船に乗ることができたのに、日本にたどり着けなかった……。何でこんな残酷な目にあわせるのか。海に向かって泣き叫ぶ仲間の兵士たちの声は、今でも私の耳から離れることはありません」

『あゝ復員船』の手記のなかでも、復員活動のなかでの水葬の話が綴られている。

満洲で家族とともに終戦を迎え、貨物船から復員船に改造された「山澄丸」に乗船し、日本へ帰ってきた棚田良子さんはこう証言する。

棚田さんは甲板に上がり、友人と会話を楽しんでいる最中、水葬を営む場面に出合ったという。

亡くなったのは小さな子供だった。

《クリスチャンだったのか、〃主よみもとに近づかん〃の讃美歌を数人がうたい、毛布でくるんだなきがらを海底へ送っているところだった。一面の海原、悲しい歌声は海風に吸われるように消えていく。水葬の慣わしだろうか、船が回った。水葬を見るのは初めてだ。大陸のこう野のみでなく、帰国を待たずしてこうして海底に眠る子供もいる、と胸が痛んだ》

さらに、棚田さんによる水葬の話は続く。

《友人が乗った引揚船でも水葬があった由《よし》。それは朝鮮から引き揚げてきた、親のない兄弟の悲しい別れだったとか。「お兄ちゃん、お兄ちゃん」と甲板で泣き叫ぶ兄を亡くした男の子の声が、今も耳を離れないという。水葬のとき船が周回するのは、遺体がなかなか沈まず船についてくるので、それを引き離すためにも回るのだと、船員さんに聞いたそうだ。友人の話を聞き、水葬の悲しさがいっそう哀れに胸をしめつける》

両親を戦地で失い、兄を日本へ帰る船上で亡くした幼いこの弟は、その後、どんな人生を歩んだのだろうか……。

山本たち復員船の乗組員たちは、海外で戦争に翻弄されることになった、さまざまな人生に寄り添いながら、洋上での生活を送りつづけた。

「いつも、水葬は哀しいものです……」

山本はそれらの出来事を昨日のことのように、まざまざと思いだしたのだろうか。目を潤ませて語りつづけた。

水葬の際、「鳳翔」のマストに掲げられた復員船の旗は、マストの半分近くまで下げられ、「半旗」の状態にされるという。

山本は、戦死していく仲間の姿だけでなく、飛行甲板の上から何人もの水葬を見送りつづけた。

「あと、もう少しだ。もう一度、故郷・日本の土を、自分の足で踏みしめさせてあげたい……。乗員たちは皆、同じ思いでした。でも、それを叶えさせてあげられなかった人たちのことは今も忘れられません。彼ら彼女たちは本当に無念だったでしょうが、我々、復員船の乗組員にとっても、また、同じように無念の思いだったのです」

日本の港へ帰る船の上で、徐々に衰弱していき、やがて息を引き取る軍人や子供、女性、高齢者たちの姿を何人、看取《みと》ってきただろうか——。

「生きては帰れぬニューギニア」

ウェワクから「鳳翔」で日本へ帰還した兵士の証言が、平和記念展示資料館が収集している体験手記のなかから見つかった。

陸軍小隊長としてウェワクの戦闘に出兵していた浦沢良平。

終戦後、彼はウェワク近くにあったオーストラリア軍の捕虜収容所に入れられている。

日本の兵士が次々と餓死したり、病気で亡くなったり、自殺したりしている……。そんな話が、収容所内で聞こえてくるたびに、浦沢は絶望しながら日々、過ごしていたという。そんな生活が、もう半年経とうか、という頃。空母「鳳翔」が、復員船として迎えに来るらしいという話を浦沢は仲間から聞かされたという。

早々に準備をする仲間たちを見ながら、半信半疑で浦沢は「鳳翔」の到着を待っていた。

ついに、「鳳翔」がやって来た。

ウェワクの捕虜収容所で、自活しながら、ぼろぼろの生活を送ってきた日本兵たちは、涙を流しながら、「鳳翔」の姿を仰ぎ見たという。

いよいよ待ちわびた「鳳翔」に乗船し、無事に日本に帰ってきたときの喜びを、浦沢は素直に、こう証言している。

《昭和21年1月、「鳳翔」に乗船、浦賀に帰還した（帰還できた一〇二連隊将兵は九百余人とか）。生きて再び帰り得ずと覚悟した祖国の山を眺め、全船涙無き者はなく、粛として食い入る如く見入り続けた。そして私たちを驚かせ、喜ばせてくれたものは、浦賀の街並みと嬉々として遊び回っている子供たちの姿だった。この子供たちの姿がどれほど私たちの心を慰めてくれたことだろう》

ニューギニアからの引揚者たちは、復員したとき、ただ、日本の子供たちが自由に遊びまわる風景を見て驚き、喜び、涙を流したのだ。

祖国の土を踏みしめた浦沢たちは、すぐに病院に入院するが、そのときの様子を記した描写も感慨深い。

彼らは、病院で看護してくれる看護師たちの色の白さに驚き、「(引揚者同士で)お互いの顔を見比べて、これが本当の日本人だったのかと、その美しさに見とれたのだった」と語る。

栄養失調でやせ細った体に、不健康に真っ黒に日焼けし、やつれ切った自分たちの顔……。

日本を離れ、約3年の月日の隔《へだ》たりを、今さらながら、浦島太郎のようだった……とも綴っている。

戦後、生き残りながらも、ウェワクの捕虜収容所から外へ出ることができず、日本へ生還できなかった兵士も多くいる。

祖国へ帰る日を待ちわびながら、約1千200人の日本軍兵士が、ウェワクの収容所で衰弱し、息を引き取ったといわれている……。

◇　◇

「生きては帰れぬニューギニアか……」

浦賀港に着き、引揚者たちの下船を見届けた山本は、改めて、この言葉の意味を突き付けられた思いがした。

「地獄のような収容所での生活を耐え抜き、ようやく復員船に乗船できたのに、海の上で命が尽きた日本兵も少なくなかった……。『日本が見えてきた。もうすぐ日本だぞ。まだ死ぬな！』。そう叫びながら死にゆく仲間を励ましていた日本兵の声が、今も耳から離れない」と山本は言う。

人生の理不尽さを恨んだ。

だが、それだけに、山本は、「その後の人生を精一杯生きなければ……。このとき、そう心に誓った」と語気を強めて語った。

「呉軍港空襲。広島原爆、機雷の間を縫っての復員活動……。日本にいたが、私も何度も死にかけています。いつ、死んでいても、おかしくなかった。それだけに、私の人生は〝生かされた人生〟だとも思うのです。だから、一瞬たりとも、決しておろそかに生きるわけにはいかなかったのです」

「鳳翔」の甲板の上から、無数の人生の悲哀を見つづけてきた山本は、自らを、こう鼓舞していた。

「志半ばで命が果てた皆の分も、私が背負って、思い切り生きてみよう……」と。

〝住所〟は「鳳翔」

大嵐に遭遇する危険な航海から、命からがら、母港である広島・呉港に帰り着いた「鳳翔」。

「すぐに次の目的地が告げられました。今度は南洋ではなくシンガポールでした」

山本たちは復員船業務の合間には、どんな暮らしをしていたのだろうか？

「呉港に帰寄したときは、どこで暮らしていたのですか？　呉市内のどこかに家を借りていたのですか？」

そう聞くと、山本はこう否定した。

「えっ？　陸《おか》に自分の部屋など借りるもんですか。呉の母港に帰港しても、そのまま『鳳翔』の艦内で私たち若い乗組員たちは暮らしていましたよ。次の復員輸送のための準備はいくらでもあるし、とくに用事がなければ陸に上がることはほとんどありませんでしたね」

山本は、こう平然と答えた。

では、「鳳翔」の船内には山本たち専用の、個室とはいわなくても、落ち着いて過ごすことのできる部屋はあったのだろうか？

「そんなものありませんよ」と山本は苦笑した。

「しかも、若い乗組員たちは、ベッドなんて使わせてもらえませんでした。士官クラスには専用のベッドがありましたが、私たちはハンモックで寝るんですよ。でもね、慣れれば、ハンモックの上で眠るのは、これが、とても快適なんです。それに、起床したら、すぐに柱からはずしてコンパクトにたためますしね。だから、日中は、居住空間を有効に、広く使えるのですよ」

山本は、したたかな表情で笑い飛ばした。

終戦後、山本は実家の三重県に帰省することもなく、復員船での乗務の期間中も、呉の市街地へ繰りだして遊ぶこともなく、「鳳翔」の艦内で、次の出港に備え、黙々と質素な生活を送りつづけていたのだ。

「でも、ときにはね。帰港すると、〝半舷〟といって、乗員の約半数が船から降りて、陸《おか》で休憩することが許されるのです。ただし、誰かが船を守らないといけないので、一度に、全員が船を降りることは許されませんでした。軍艦乗りのルールです。だから、これを半舷と言うのです。長い本格的な改修などで完全に船を港に止めるときしか、船を空けることなどありません。全員が船を降りることを全舷と言いますが、復員の活動の間、それはなかったですね」

半舷で、陸《おか》の上で束の間の休息をとった山本は、あわただしく、再び「鳳翔」に乗船。

通信室に陣取り、シンガポールの港を目指した。

世界屈指の国際港へ

英国の海峡植民地だったシンガポールで１９４２（昭和17）年2月、英国軍を中心とする連合国軍と日本陸軍が衝突。「シンガポールの戦い」が勃発し、日本陸軍が勝利。以後、シンガポールでは英国に代わって日本による統治が始まる。

シンガポールの名称は「昭南島《しょうなんとう》」と変更された。

英国軍が使用していた軍港、航空基地は日本軍の基地となり、周辺の制海権も日本海軍が掌握。世界貿易の要衝だったため、貿易関係のビジネスマンら多くの日本の民間人も移り住む。それに伴い、日本語で現地の住民を教育する学校が創設されるなど、経済、教育などを含め日本軍政下による統治が一気に進む。

英国支配下においては白人専用として使用された最高級ホテル「ラッフルズ・ホテル」は、「昭南旅館」へと名称を変更。日本陸軍将校の宿泊施設となり、制服は和服になり、サービスも和風に改められていた。

だが、交通の要衝であったシンガポール奪還に向けた連合国軍の攻撃は激化。終戦までの間、連合国軍による日本艦船を狙ったたび重なる攻撃で、シンガポール港には日本の艦船が何隻も沈められ、眠ることになった。

そして終戦。1945（昭和20）年9月12日、日本軍は降伏文書に調印し、シンガポールは公式に英国へ返還された。

◇　◇

「さすがに世界を代表する国際的な港です。夜、シンガポールに近づくと、きらびやかな灯りが街中にあふれていました。港には世界各国の船舶が停泊していて、それはもう華やかで色彩が美しい国際都市の光景でしたね」

だが、さらに港に近づくと、山本の眼前には、まだ戦争が終わっていないことを告げる厳しい現実を知らしめる光景が広がった。

「湾内のあちこちに、沈没した日本の軍艦や商船の形跡があり、海中から水面へマストが突きだしているんです。何本も……。痛ましい光景でした」

そして、山本はこの話を語るとき、悔しそうな表情を浮かべた。

「港に近づいてくると、各国の船舶とすれ違うのですが、米、英など戦勝国の船に出会うと、我が国の船は一時停止するのです。そしてマストの最上部に掲げていた国旗を3分の2あたりから、半分近くまで下げて、礼を尽くすのです」

世界共通の普遍の航行ルール。

「半旗」と呼ばれる〝海のしきたり〟である。

「いくら日本が戦争に負けたとはいえ……。すれ違うたびに味わう屈辱的な思い。実に無念でした」

果たして相手国の船も、「鳳翔」と同じように半旗にしてくれていたのだろうか？

シンガポールへは連続して2回向かい、日本とを2往復したという。

◇　◇

『あゝ復員船』のなかに、こんな証言が出てくる。

練習巡洋艦「鹿島」に乗船し、復員活動に従事した元海軍兵、横田聡は、1945（昭和20）年10月7日、呉軍港に進駐して来た米軍の上陸用艦の列とすれ違うようにして呉から出港していったという。

《呉軍港の終焉を横に見ながら、こちらもしばらく舫《もやい》を解く。小艦艇ばかりしか通らぬと聞いていた早瀬の瀬戸を抜けて慌ただしく出ていくのが、一層追われる者の思いを深くする。東の方を見ると、海を埋める米上陸船団の群れ。一番手前に新造艦らしい巨大な巡洋艦がいる。艦尾の日章旗（軍艦旗ではない）を降ろして敬礼するこちらの海軍は滅んだのに、あちらの海軍は厳として存在する。ただただ無念の思いでサッサとおさらばする》

復員活動に従事している間、横田は米軍から、こんな屈辱をずっと受けつづけていたと明かしている。復員船に乗っていた日本の元海軍兵たちの悔しさは、山本の表情からも伺えた。

武装をはずされ、前甲板を撤去し、空母としての戦う機能をすべて失った「鳳翔」は、それだけで屈辱的な扱いを受けたはずだが、復員船となった後、世界の洋上においても、「半旗」で礼を尽くし、戦勝国の船に、先を譲りつづけたのだった。

だが、「鳳翔」は、たとえどんな屈辱を受けようとも、復員活動を中断することはなかった。

「どんな逆境下でも、元日本海軍の軍人としての誇りだけは失うまい……」

「鳳翔」乗組員たちの一丸となった、こんな海軍魂が山本には誇らしかった。

横田も証言のなかで、こう綴っている。

《「鹿島」で復員輸送をやることになる。世が世であれば遠洋航海に乗るべき練習艦で、屈辱の航海に出ていくのだ。それでも海に出ることはいささか心が躍る》

海軍で培《つちか》った魂は復員船でも不変だった。

◇　◇

シンガポールには日本軍人だけでなく、戦地に取り残された民間人の家族連れらを合わせ、約３千人が、鳳翔の到着を待っていた。

「港に着くと、ご主人や親、子供たちと生き別れになった大勢の夫人たちが荷物を抱えて、待っていました。赤ちゃんを背負ったり、幼い子供たちと手をつないだりした女性たちが、次々と鳳翔へ乗船してきました」

すれ違う際、山本は、思わず視線をそらしたという。

「女性たちは皆、髪の毛がぼさぼさに伸びていました。敗戦後、手入れもできない酷い暮らしだったことが想像できました。私はつらくて彼女たちを正視できませんでした。なぜなら、大人も子供も皆、つらそうな表情で下を向いて乗り込んでくるのです……。助かったぞ。生きて日本へ帰るんだ。そんな喜びなどを、彼女たち、子供たちの表情からは、感じることなどできなかった。私は、何とかしなければと思いました……」

乗組員のなかでも、最も若く、明るく、何よりもひょうきん者だった山本は、引揚者をもてなすための、あるとっておきの計画をひっそりと立てていた……。

その計画とはこうだ。

「乗船した、その最初の夜。甲板の上で催される、帰国を祝うささやかなパーティーで〝お笑い〟を披露し、みんなを喜ばせようと企画したのです。みんなの笑顔が見たかったから……」

さっそく山本は、この計画を同僚に打ち明けて相談した。

「俺たち2人で、帰国するみんなを笑わせないか？」

山本と年齢が近いこの同僚とは気が合い、航行中の船内で会うと、いつも冗談を言い合う仲だった。

「面白そうだな。でも、いったい、どうやって笑わせる？」

同僚は興味を示したように聞いてきた。

「短いコントか、お笑いの小話で寸劇をするのはどうかな」

「いいな。それじゃあ、お前が何かネタを考えてくれよ」

そうと決まれば、何事にも手を抜かないのが信条。山本は、通信勤務の休憩時間などを使い、お笑いのネタを考え抜いた。

そして、こうしてできたお笑いのネタをもとに、山本と同僚はシンガポールの港に着くまで、時間を見つけては、誰もいない甲板の上で2人、必死で、お笑いの練習を繰り返し、その披露の日まで準備していたのだ。

そして、シンガポールに到着。3千人の引揚者たちが「鳳翔」に乗船し終え、その夜がやってきた。

ただ、本番直前、山本には気がかりなことがあった。それは、港での乗船の際に見た、みんなの沈鬱な暗い表情だった……。

「ただ、乗船時だから、緊張していたに違いない。敗戦後、つらい生活をしていただけに……。でも、故郷の日本へ帰ることができる復員船にようやく乗船できたのだ。今はもう、絶対、うれしいに違いない。みんな恥ずかしくて、そんな感情を隠しているだけに違いない……」

甲板の上は、灯りがともされ、日本から運んできたり、現地で調達したりした食べ物や飲み物などが並べられた。

やがて祝宴が始まった。

山本たちの出番だ。

「同僚と2人、張り切って、さっそくみんなの前へ出ていき、このときのために船内で一生懸命、ネタを考え、練習してきたお笑いを演じたんです。ところが……」

話していた山本の顔が一瞬、淀んだ。

「みんなは、喜んでくれたのか？　実は、誰ひとり、笑ってくれませんでした。笑うどころか、誰ひとりとして、白い歯を一瞬たりとも見せてくれませんでした……。皆、うつむいたまま、表情は沈んだままでした。まるで、お葬式か、お通夜のようでしたね」

その夜の光景が、まざまざと脳裏に蘇ったのだろうか。

山本は、自分が何か悪いことでもしたかのような、寂しそうな表情を浮かべた。

「恥ずかしくて、心が打ちひしがれた」ことが、今でもわかる、そんな、がっかりした表情で、こう山本は続けた。

「日本へ帰る船のなかで、皆が笑えるような心境には、なりようもないことがわかってきました。彼ら、彼女たちは日本へ無事、帰れたとしても、その後も過酷な日々が待っているのだとわかっていましたからね。愛する家族を戦争で失い、家も財産もなくし、そんななかで、明るい未来を感じることなどできたでしょうか。戦後、つらい思い、悔しい思い、悲しい思い、そして絶望を感じていたのは、戦争に負けた日本の軍人だけではなかったのです……」

底抜けに明るく、ひょうきん者のはずの山本の表情は、珍しく曇ったままだった。

カツベン士の訪問

復員船「鳳翔」は、軍人だけでなく、さまざまな職業の人々を日本へと運んだ。

「あっ、カツベンだっ！」

興奮気味に山本は思わず、こう声を上げていた。

シンガポールで民間の在留日本人たちを乗せて日本へ帰る洋上でのことだった。

突然、通信室の扉を開けて、「顔とその声に見覚えのある」紳士が、訪ねてきたのだ。目の前に、その顔が見えた瞬間、山本は自然と大きな声で叫んでいた。

その紳士とは、当時、無声映画の活動弁士として人気を博した伍東宏郎《ごとうこうろう》だったのだ。

無声映画時代、映像に合わせて、一人ですべての登場人物の声色を作り、映画のセリフや情景描写を語って観客に伝える活動弁士は〝カツベン〟と呼ばれ、一世を風靡する人気者だった。

「彼は、戦前、日本一のカツベンだったんですからね」

そのときの光景を思いだしたのか、山本はおそらく当時のままの興奮した表情を浮かべ、こう朗々と読み上げた。

「東山三十六峰、草木も眠る丑三つ時〜〜」

国民的人気だった無声映画のヒット作『月形半平太』の有名な一節を歌うように口にした。

旋盤の見習工として、兵庫県西宮市の工場に勤め、大阪の夜間学校へ通っていた青春時代、映画が好きで、「よく劇場へ通っていた」という山本にとって、カツベン士は、きらきらと輝く憧れの存在だった。

伍東のように、慰問のために世界の戦地へ赴《おもむ》き、日本軍の基地を〝転戦〟していた芸人は少なくなかった。そして慰問活動中に、そのまま捕虜となったり、収容所に拘留されたりして、日本へ帰国できなくなった者も少なくなかったのだ。

山本は、船が転覆するかという大嵐も経験。洋上での過酷な生活にも慣れてきた。

復員船の往復という任務には、常に危険がともなっていたが、荒れることのない穏やかな大海を、ただ、ひたすら進む単調な日々が続くこともあった。

それだけに、山本にとって〝人気カツベン士〟の突然の通信室への表敬訪問はうれしかった。

つらい任務に耐えつづけていた日常を、ほんの一瞬でも忘れさせてくれる非日常の出来事だったのだ。まるで贈り物をもらった子供のように……。

「私がこれまで見てきた映画の話などを夢中になって質問しました。目の前に、あの〝日本一の無声映画のカツベン士〟がいることが信じられなくて……」

山本は少年に戻ったような顔で言う。

「しばらく映画の話について丁寧に説明してくれていたのですが、突然、伍東さんは浮かない顔をして、こう話しはじめたんです」

笑顔を浮かべながらも、なぜか、伍東の表情は晴れなかった。その理由を山本は知らされた。

「日本へ帰ったら、おそらく私は、GHQに拘束され、裁判にかけられるでしょう……」。そう彼はつぶやいたのだ。

「彼は日本の基地を慰問で回っていた。軍の協力者とみなされ、戦犯扱いされることを恐れていたようです。せっかく日本へ帰ることができるというのに、それどころではなかったのだと思います」

その後、伍東はどうなったのだろうか？

「何とも奇遇な話なのですが……」と山本は前置きした後、こう続けた。

「実は私が復員船を降りて故郷へ帰ってから。大阪の新歌舞伎座で、歌手になった彼の娘さんと再会したんですよ。驚きました。伍東親子は戦後も元気に過ごし、娘さんは父の後を継ぐように芸の道を極めていたんです。うれしかった……」

復員船で日本へ戻った引揚者たちが、その後、どんな人生を過ごしていたのか、山本は気になって仕方がなかった。

それだけに、大阪でのこの再会は、伍東が「鳳翔」の通信室を訪問してくれたこと以上に、うれしい出来事だったのだ。

藤山一郎も乗船

復員船として迎えに来た「鳳翔」に、カツベン士の伍東が乗船してきたように、世界各地の戦地で慰問活動中に終戦を迎え、そのまま捕虜としてとらえられ、日本へ帰国できなくなった芸能人は少なくなかった。

復員船は、そんな有名人たちも日本へ連れ帰ってきている。

「葛城」には、往年の名曲「丘を越えて」や「青い山脈」などを歌い、後に国民栄誉賞を授与された人気歌手の藤山一郎（１９１１〜１９９３年）が乗船している。

藤山は南方での慰問活動中に終戦。インドネシア共和国で捕虜となり、レンパン島で拘束され、英国軍の用務員という立場で、英国軍兵士たちの慰問活動を続けていたという。終戦から約1年後の7月、復員船として迎えにきた「葛城」に乗船し、1946（昭和21）年7月25日、広島県・大竹港に到着。東京の自宅へ戻り、翌8月には歌手として復帰する。

『あゝ復員船』のなかに、レンパン島から藤山が乗船したときのエピソードが、元海軍兵、妹尾作太男の証言で、こう綴られている。

「葛城」の格納庫内には演芸場も設けられ、唄や踊りも楽しめた――とあり、こう続く。

《特に第七回のシンガポールのレンバン《ママ》島からの帰還者のなかには、海軍軍属として便乗した歌手の藤山一郎もまじっていたので、アコーディオン伴奏つきで、たっぷりとナツメロを復員者の皆様に楽しんでもらうこともできた》

「鳳翔」はシンガポールと日本を2往復しているが、その2回目の復路。慰問団体「藤山一郎歌劇団」のメンバーら十数人が乗船してきたという。

日本へ向かうその夜。かつて、格納庫で艦載機を運んだエレベーター（リフト）を途中で止め、舞台に見立て、この〝特設ステージ〟でメンバーが懐メロを演奏。引揚者たちは涙を流して喜んだという。

「鳳翔」の船内で、山本たちを表敬訪問し、元気づけた〝カツベン士〟の伍束に、復員船の船内で、引揚者や乗員たちを心から和《など》ませ楽しませた藤山と彼の歌劇団のメンバーたち……。

戦地を慰問し捕虜となった後も、復員船のなかでも、多くの人々に元気や勇気を与えつづけていたエンターテインナーの存在の大きさを、改めて知ることができる。

藤山が帰国後、1956(昭和31)年に自ら作曲して歌った「ラジオ体操の歌」は、現在も日本中で流れている。

毎朝、ラジオ体操をする子供から高齢者まで……。現在の日本人のなかで、あの藤山が〝最も過酷な捕虜収容所〟から復員船「葛城」に乗って帰国し、その後、このラジオ体操の曲などを歌い、国民栄誉賞を授与される国民的人気歌手になったのだ……そんな事実を知る人はどれだけいるのだろうか。


レンパン島での捕虜の扱いは酷く、その暮らしは悲惨だったと伝えられている。

連合国軍は、捕虜となった日本軍の兵士たちに十分な食糧を支給しなかったことから、兵士たちは自ら食糧を調達せざるをえなかった。といっても、島には畑どころか家畜もいない。兵士たちは島のヘビやサソリ、ネズミなどをとらえて食べ、飢えをしのいでいたといわれている。

地獄のような、この食糧事情から、兵士たちは、この島のことを自虐的に「恋飯島《れんぱん》」と呼んでいたという。

ガダルカナル島の「餓島《がとう》」に、ブーゲンビル島の「墓島《ぼとう》」。そして「恋飯島」……。

恋飯島には、復員できずに亡くなった日本兵たちの慰霊碑が立てられ、今も地元の人々の手によって守られているという。

対米決戦、因縁の地へ

「次の目的地はフランス領インドシナ。メコン川の河口にある港、サンジャックでした」

1941（昭和16）年7月、日本軍は、フランス領インドシナ（現在のベトナム、ラオス、カンボジア）に大船団を派遣した。

インドシナ侵攻の拠点とする南部仏印への進駐で、仏側はインドシナの主権を日本が承認することを条件に、この進駐を認めたが、米、英側はこれに反発。結果、この南部仏印進駐が、日米関係を悪化させ、第二次世界大戦へとつながっていくことになる。

日本は「対米英戦も辞さず」と、この進駐作戦を決行したのだが、これに対し、米英は経済封鎖を断行。

日本は南部仏印の各地に軍事基地を建設し、次々と兵を送り込んだ。

この地で日米による大きな戦闘は展開されなかったが、こうして、戦後、多くの日本兵士が取り残されることになったのだ。

「サンジャックからは陸軍、海軍の兵士と一般の民間人とを合わせて、約3千人を『鳳翔』へ乗せて帰りました。現地の住民たちは、みんな我々に優しく接してくれましたよ」と山本が語るように、現地民と日本兵とは信頼関係を築き、戦後の対日感情も良好だったという。

「港を出る際も、住民たちは食糧用に、とモンキーバナナを大量に渡してくれました。仏軍の兵士に見つからないようにしながらね……」

食糧事情が悪かった戦時下において、この仏印の基地では、日本軍の兵士がバナナを食べ過ぎて体調を壊す……という〝ぜいたくな事件〟が多発していたという。

「鳳翔」はサンジャックと日本の港を2回往復している。

主計科庶務として「鳳翔」に乗船していた木越正太郎は、サンジャックでは、サイゴン米や砂糖を詰めた麻袋を積み込んで日本へ帰国。反対に、日本で積み込んだ梅干しや漬物、醤油などを現地の人々へ贈り届けたという。

「『鳳翔』は互いの国を結ぶ媒介の役割も果たしていた」と木越は語っている。

◇　◇

このサンジャックで、「鳳翔」に救出され、日本へ生還した兵士の証言を見つけだすことができた。

元陸軍軍人の三牧泰昌。岡山県津山市の戦争体験者の証言集『語り継ぐ　私の戦争体験』のなかで、三牧は、どうやって「鳳翔」までたどり着き、日本へ帰り着き、故郷の岡山へ生還できたのかを、手記のなかで、つぶさに書き記している。

徴兵され、インドネシアで終戦。負傷で入院した現地の仮設病院から、軽症患者約３００人で難破船を修理し、バタビヤ港を出港。洋上を20日ほど漂流していると、偶然、英国の駆逐艦に発見され、サンジャック沖へと誘導してもらっていたところ、サンジャックの港に停泊していた「鳳翔」と遭遇したという。

そのときの様子を三牧は、こう語っている。

《この艦の船尾に日の丸が翻っているのが見えたときには疲れ切っていた全員が我を忘れ、歓声を上げて感涙にむせび、抱き合って喜びました》

難破船から「鳳翔」に乗り移った三牧は、昭和21年5月3日、広島県の大竹港で「鳳翔」を下船し、故郷・津山へと帰ることができた。

《49日の洋上生活という長旅でしたが、無事に日本に帰れた喜びと感激は生涯忘れることができません》

この手記で語られた証言からも、復員船が待つ港まで、ジャングルをさ迷い、洋上を漂流するなどし、命からがらたどり着いた軍人は大勢いたことがわかる。

南洋の島々からシンガポール、そしてベトナムへ……。復員船「鳳翔」に乗って日本の引揚者たちを日本へ連れ帰ってきた山本が体験した、その〝航跡〟を見ると、まるで、第二次世界大戦の日本の戦いの跡をたどりながら、その幾多の戦史の意味を紐解こうと苦闘する旅のようにも思えてくる。

それこそが、山本の言う、「生き残った理由のひとつ、使命のひとつ」だったのではないか。

山本は、終戦直後、まだ生々しく残されたままの戦禍の惨状を確かめるために、世界の激戦の跡を訪ねて回る〝歴史の証言者〟の一人に選ばれたのだ……。

そう思えてしかたがない。

第六章

投錨（とうびょう）——

〝老船〟最後の戦い——

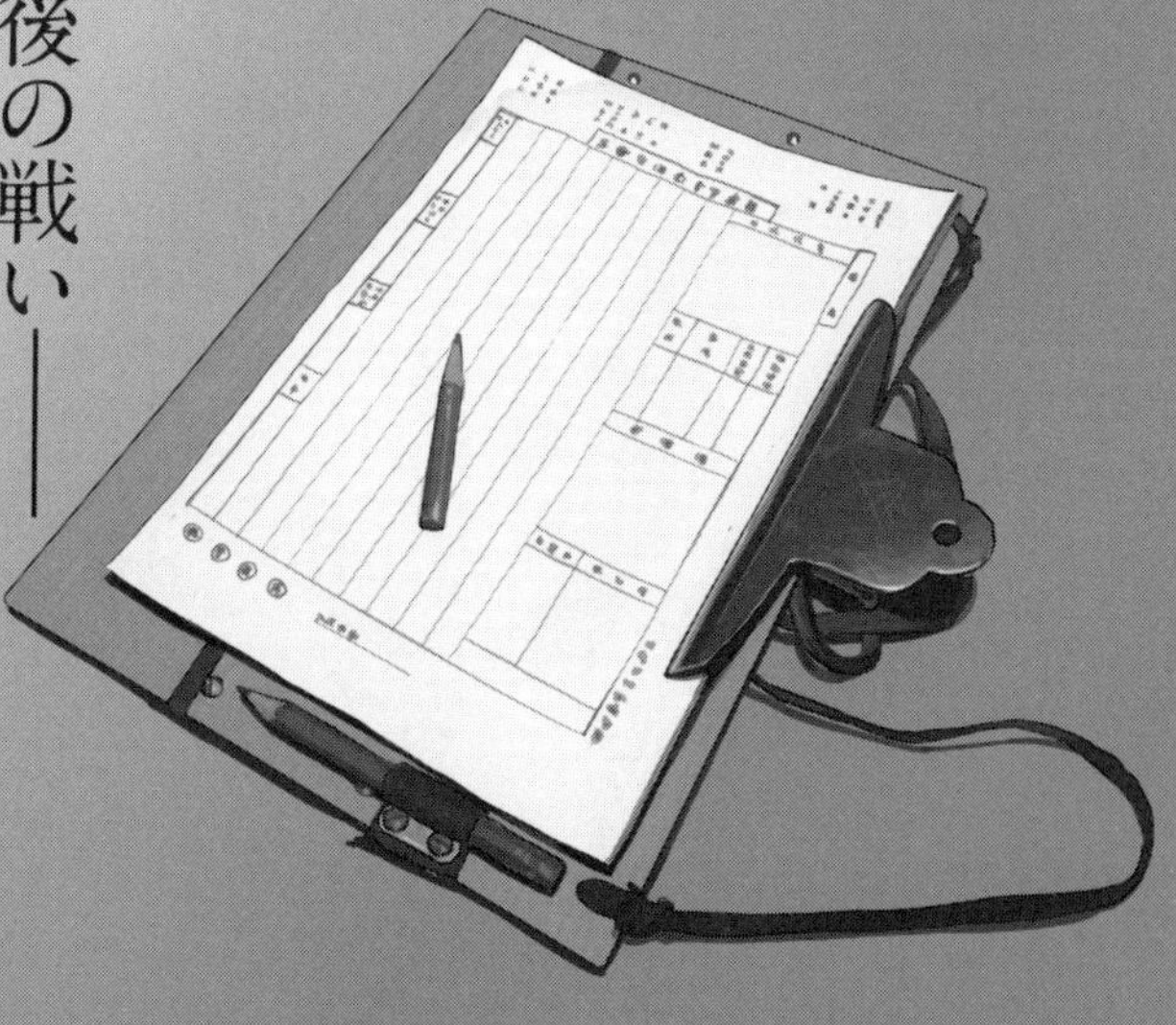

港や沖合いの海中に錨を降ろし、そこに停泊することを「投錨《とうびょう》」という。戦禍を潜り抜けてきた空母「鳳翔」は〝老船〟の域に達し、復員船としての寿命も限界に達しつつあった。

南洋の島々を転戦し、ひたすら引揚者を運びつづけ、その成果も見えはじめていた。「鳳翔」が永遠《とわ》に錨を降ろす「投錨」のときはやって来たのだろうか……。

満洲へ

「鳳翔」は太平洋を南下して縦断、何度も赤道を越えながら、ときに日本から約5千キロも離れた南洋の島々と日本を往復してきたが、一方で、東シナ海を越え、中国大陸へも向かっている。

「復員船の迎えを待っていたのは、南洋の島々で戦った日本兵だけではありませんでしたからね」

山本が語る通り、航続距離が長い「鳳翔」は、主に南洋へ向かう復員船として稼働していたが、もう一隻の元空母「葛城」など、1回で約4千～5千人もの引揚者たちを乗船させることができる船体の大きな復員船の活躍で、ブーゲンビル島やタロキナ、ラバウルなど南洋方面の復員活動はほぼ目途《めど》が立ってきていた。

「鳳翔」は復員船としての任務を終えることになったのだろうか。ついに「投錨」の日が来たのか？

「いえいえ、復員船を待っていたのは、南の島々や東南アジアの兵士、民間人たちだけではありませんでしたからね。まだ、『鳳翔』が迎えに来るのを待っていた日本人は世界中に大勢、残されていたのです……」

こうして「鳳翔」の「投錨」は先延ばしされた。

「次に、『鳳翔』が向かったのは、日本から南方へ向かってではなく、北西でした。今度は、太平洋ではなく、東シナ海を越えた向こう……。そう、中国大陸だったのです」

若い通信員、山本を乗せた〝老船「鳳翔」〟は、進路を南から北西へ変え、中国大陸へと向かった。

「10日間から2週間以上もかけて南洋の島々を回ってきたのだから、中国大陸は距離的には、はるかに近かったですよ」と山本は言う。

だが、それは決して、「楽な航行だった」という意味ではない。

これまでの南洋や東南アジアへ向かった復員活動とは、また違う、独特の緊張感を山本は感じとっていたという。

「鳳翔」が向かった目的の港は、中国北東部、旧満洲の港湾都市にあった。

「コロ島と呼ばれる都市の港でした。世界各地で復員活動が継続され、日本へ引揚者たちが次々と帰ってきているなかでも、なかなか、その数が減らない地域がありました。そのひとつが満洲だったのです……」

日本が復員活動を始めた当初、中国大陸へは航続距離が短く、比較的船体の小さな復員船が使用されていたが、港で待つ引揚者の数は、それではしのげないほど多かった。

復員船に改造された元駆逐艦や元海防艦などが、ピストン輸送のようにして、満洲と九州・福岡県の博多など日本の港とを往復していたが、一度に運ぶことのできる人数は限られ、多くの日本の民間人が取り残されたままだったのだ。

「戦後30年」を機に、１９７６（昭和51）年12月末までにまとめられた当時の厚生省の記録によると、山本が「鳳翔」で向かった、ブーゲンビル島などを復員船の港の拠点にしたパプアニューギニア地域一帯の南東アジア地域からの引揚者の総数は約13万8800人。

これに対し、コロ島の港などを復員船の拠点にしていた旧満洲地域からの引揚者の総数は127万1500人。上海などを復員船の拠点にしていた中国からは153万5400人にものぼっていた。

中国大陸からの引揚者の総数は、世界のどの地域よりも、桁違いに突出して多かったのだ……。

◇　◇

山本が、「コロ島」という通称で呼ぶ、この港湾都市の正式な名称は、葫芦島《ころとう》市という。

中国遼寧省南西部にある、満洲でも有数の港湾都市のひとつだった。

北京と瀋陽にはさまれた交通の要衝として栄え、終戦後は、旧満洲から日本への引揚者たちの主要な出港場所として、この都市の港が使われていた。

1932（昭和7）年、日本は中国大陸の東北部に進出し、その地に、満洲国を建国した。

葫芦島には、日本の陸軍燃料廠により、石油精製工場など次々と軍の拠点施設が築かれていった。

また、それに伴い、民間の石油化学をはじめとする工場群や、資材を運ぶ貿易の拠点となる施設も相次いで建設され、都市開発が急ピッチで進められていった。

このため、多くの軍人が日本から派遣されていっただけでなく、ビジネス目的で、この都市で働くために、多くの日本の民間人と、その家族らも移住していた。

大規模な日本人の居留地が、満洲に築かれていったのだ。

だが、それから13年後の1945（昭和20）年……。

日本は戦争に負け、中国に築かれた巨大な満洲国は、その短い歴史を終え、崩壊する。

陸海の軍人とともに、葫芦島には大勢の日本の民間人が取り残されることになるのだ。

その数は、170万人以上にものぼったといわれている。

満洲の各地で暮らし、難民となった多くの日本人は、この葫芦島に集結し、日本から迎えに来る復員船を待っていた。

南洋の島々や、東南アジア諸国に比べ、日本の港からの距離も近かったことから、後続距離の短い艦船などが主要な復員船として使われ、福岡県の博多港などを主な停泊港として往復しながら、引揚者を運びつづけていた。

だが、在留する日本人の数は世界の他のどの地域に比べても多かった。

満洲は広い。

大陸の各地域に散らばって在留し、そこで終戦を迎えた日本の兵士、そして多くの日本の民間人が、葫芦島の港を目指し、命からがらの逃避行を経て、集まってきていたのだ。

祖国・日本へ帰るために……。

真っ白い引揚者たち

葫芦島市の港で復員船への乗船を待って並ぶ大勢の民間の日本人たちは皆、全身、真っ白い色をしていたという。

「男性も女性も、小さな子供から大人まで、誰もがＤＤＴ（有機塩素系の殺虫剤）の白い粉を頭の上から足元まで、全身に噴霧器を使ってふりかけられていました。皆、髪の毛から顔まで真っ白けの状態で、『鳳翔』へ乗船してきたんです」

復員船のなかでも「鳳翔」の船体は大きく、収容人員は他の船に比べても多かったが、居住スペースに余裕があったわけではなく、何よりも人が最優先で、物資を自由に積みこむことのできるスペースは限られていた。

「引揚者たちは、船へ持ち込める荷物の大きさも制限されていました。皆、風呂敷包み、たったひとつを大事そうに抱えていました。荷物はひとつ。それが復員船に乗るための、ルールだったのです」

そう、山本は説明する。

ほとんどの引揚者が、満洲の地に、日本から持っていったまま、また、この地で築いた財産を残したまま、葫芦島に集まっていたのだ。

唯一、持ってくることができた、大切な荷物を抱えて……。

「赤ちゃんを背負った母親や、手を引かれた小さな子供、老人たちも多かった。皆、疲れ果て、頬はやつれていました」

DDTをふりかけられた人たちから、順番に、港に懸けられた梯子《はしご》をのぼってきた。

「ゆっくりとした、弱い足取りでしたが、一歩一歩、転ばないよう、家族で、そして仲間たちで支え合いながら、まるで最後の力を必死で振り絞るようにして、次々と『鳳翔』へと乗船してきたのです」

その数は約3千人に達した。

「老若男女、どの顔も、皆、やつれ果てた顔ばかりで……」。そう振り返る山本の顔もつらそうだった。

「皆、満洲で復員船に乗るこの日まで、どれほどつらい思いを重ね、このコロ島へたどりついたのか。ぼろぼろになった、その姿を見て、どんなに悲惨な状況だったかが、容易に想像できました……」

山本がシンガポールの港で見た、あの光景と同じだった。

いや、「それ以上に、この地で受けた経験は悲惨だったのかもしれない」。そう思わせる日本人たちが、ここに集まっていた。

港では、多くの中国兵が、銃を持って引揚者たちを監視、牽制していたという。

山本は改めて思った。

「敗戦国の国民として、満洲にとどまった引揚者たちは、復員船に乗るために、ようやくたどり着いたこの葫芦島でも、心休まることはなかったのだろう」と。

「ようやく日本へ帰ることができるのに……。それなのに、どうして安堵の表情を見ることができないのか。笑顔を見ることができないのか。無邪気な子供でさえ、とてもつらそうな顔をしていました。この葫芦島にたどり着くまでに、疲れ切っていたのでしょう。ようやく復員船に乗ることができたというのに、満洲で敗戦を迎えた日本人には、安息の場所など、どこにもなかったのです」

そんなことを思い浮かべながら引揚者の姿を見ていた山本に、突然、一人の年老いた女性が、いきなり抱きついてきた。

ふと、周囲を見回すと、喜びの思いを抑えきれず、うれし涙を流しながら、他の船員に抱きついている引揚者たちの姿も見られた。

「もう安心していいのですよ……。この『鳳翔』に乗ったからには……。日本へ帰れるのですから……」

こう声をかける「鳳翔」の乗組員たちの目にも、涙が浮かんでいたという。

遠くから見ていて、その外観から、てっきり男性だと思っていた引揚者が、近くまで来て、初めて、若い女性であることもわかった。

子供から大人まで。ほとんどの女性たちがザンギリ頭や坊主頭にしていたのだ。

山本は、もう、そのまま引揚者たちと目を合わすことができず、うつ向きながら、そっと涙を流した。

葫芦島で見た生き地獄

このコロ島で復員船を待つ在留日本人たちの生活環境が、いかに劣悪で悲惨な状況だったかが、海軍軍人の証言集『太平洋戦争　日本軍艦戦記』(半藤一利編)のなかにも描かれている。

駆逐艦「雪風」の航海長だった中垣義幸大尉は、手記のなかで綴っている。

「雪風」は、1945年4月6日、戦艦「大和」を旗艦とし、沖縄へ海上特攻した第二艦隊10隻のなかで、「大和」をはじめ次々と撃沈していくなか、日本へ生還することができた奇跡の駆逐艦といわれている。

そして中垣は航海長として「雪風」とともに終戦を迎えた。

復員船となった「雪風」は、1946(昭和21)年2月から12月まで、計約3万8700海里を航海し、1万3千人の日本人を連れ帰ってきた。

中垣は、その復員活動を振り返るなかで、「コロ島からの復員輸送は悲惨だった……」、そう吐露しているのだ。

《コロ（葫芦）島――満洲からの引揚輸送は、ただ悲惨であり屈辱的でさえあった。最初は、指定航路を外れて、中国側の艦艇におどかされたりしたが、岸壁についてからがまた大変。武装した中国兵が警戒しているなかを、着のみ着のまま引揚者が遠くから砂ぼこりをたてながら疲れきって歩いてくる。艦内に収容してから、「ここはもう日本の領土です。安心してゆっくり休んで下さい」というのが精一杯の有様であった》

また、『あゝ復員船』のなかで、海防艦「福江」でコロ島と博多の間を2回往復したという元海軍兵、枡田果知郎が、コロ島で目撃した光景を、こう表現している。

《コロ島の埠頭に着いて、引揚者を迎え入れた時は声も出なかった。着のみ着のままの姿。しかも肌身に着けている衣服、持ち物すべて見られたものではなかった。また、女性のほとんどが男装の丸坊主かざんぎり頭、男女の区別も明らかでない。もっとも乗艦前にＤＤＴを頭から振りかけられていたこともあったが、悲惨という以外に何とも形容できなかった》

山本の証言を裏付けるように、コロ島へと向かった他の復員船の乗組員たちの証言も、やはり、いずれも衝撃的な内容だ。

先に触れた、第二次世界大戦中、空母「隼鷹」に海軍軍医として乗船し、マリアナ沖海戦に参戦し、戦後、復員船となった「早崎丸」（約1千トン）に医務長として乗船していた加畑豊は、著書『最前線の医師魂』のなかで、コロ島で見た、目を覆わんばかりの光景を、こう綴っている。

《衝撃を受けたのは、ほとんどの女性が坊主刈で、白粉の代わりに、顔に煤《すす》を塗っていることだった。主にソ連兵の暴行から身を守るためであろう。ダブダブの兵隊服や、男性の国民服を着ている婦人が多い。頑是《がんぜ》ない十歳に満たぬ女の子まで頭髪を刈り、顔を汚しているのだ》

加畑は、その凄惨な姿に、「見るなり言葉を失った」と嘆き、こう続ける。

《男女とも寒々として、手回り品は風呂敷包か、手提袋を一個下げているくらいだ。寂寥感が纏わりついていて、胸を衝かれた》と。

さらに、機雷敷設艇から復員船に転用された「巨済《きょさい》」の艦長に着任し、復員活動に就いた元海軍兵、志賀博は、自伝『最後のネービーブルー』（光人社）のなかで、こう打ち明ける。

《満洲からの引揚者ほど、敗戦の悲惨さを身をもって体験させられた者はあるまい》

ヤップ、パラオなど南洋の引揚者を日本へ運びつづけてきた歴戦の「巨済」艦長が、コロ島にたどりついた日本人の姿を見た瞬間、「満洲で天国から地獄へ突き落とされたのだ……」、そう思い知らされたというのだ。

《男は兵隊にとられ、残された老人および婦女子は、略奪、暴行の間をのがれ、長い日時と想像を絶する辛苦の末、一刻も早く帰国をと願い、必死の思いで目指したのは、コロ島であった》

「巨済」に乗船するため、一列縦隊で歩いてくる引揚者たちを、艦内から眺めていると、ときどき、その隊列が大きく乱れたという。艦の乗組員たちが心配になって見ていると、引揚者のうちの何人かが、途中で命が尽き、倒れたことがわかった。

すぐに、周囲の人たちが、その場で穴を掘りはじめ、遺体を埋める姿が艦から確認できたという。

《婦人たちは、ソ連軍の凌辱をさけるため、老幼を問わず頭髪を断髪となし、顔に墨を塗っていた。日本船に乗り込むまで、終戦から一年間も塗りつづけたのであろうか。そして、引揚者は、例外なく痩せこけていた》

志賀は、ただちに艦内で風呂を焚《た》かせ、引揚者を迎え入れたという。

命からがら、ようやく日本の復員船にたどりついた引揚者たち。

そのなかには、「巨済」の舷側に描かれた〝日の丸〟を見て、泣き崩れる者も少なくなかったという。

引揚者を乗せて、福岡の博多港へと向かう夜。

「巨済」の艦内の片隅で、引揚者の若い女性4人が小さな声で話し合っていた会話の内容を、艦内を巡回していた乗組員は聞き逃さなかった。

思いつめた表情で、4人はこんな話をしていたというのだ。

「私たちはソ連兵に提供した体だから、内地へ着く前に、4人で海へ飛び込んで死のう……」と。

この言葉を聞き、この夜、「巨済」の非番員たちは、一睡もせずに甲板の上をパトロールしたという。

彼女たち4人の自殺をくいとめるために……。

そして無事、博多港へと送り届けたという。

一縷《いちる》の希望

復員船で働くことになった山本たち元海軍兵たちは、引揚者たちの凄惨な人生と向き合う一方で、一縷《いちる》の希望を感じる瞬間もあったという。

復員船が日本へ帰る途中、洋上で引揚者の妊婦が産気づき、出産するケースも少なくなかった。

「船の上で亡くなった引揚者たちを水葬する光景は、何度見ても慣れることはできず、本当につらい経験でしたが、船の上での出産は、うれしい出来事のひとつでしたね」と山本は言う。

祖国・日本の土地を再び踏むことなく、志半ばで失われていった命……。

片や、復員船の船内で誕生し、海の上から新たな人生を歩みはじめた命……。

復員船は、このかけがえのない、大切な幾多の命を、そして悲喜こもごもの、さまざまな人生を、運びつづけた。

若い山本たち復員船の乗組員は、その一人ひとりの人生に、そばで寄り添い、心を通わせた目撃者でもあったのだ。

「鳳翔」でも、日本への復路、洋上で1人の妊婦が産気づき、艦内で女児が誕生している。

日本海軍大佐だった吉田正義艦長は、この子の名付け親となり、「愛子」と命名した。

ネーミングの由来は、「国際愛の結晶だから」。

吉田艦長は、戦艦「大和」が沖縄へ向けて海上特攻で出撃した際、護衛駆逐艦隊司令を務めた猛者《もさ》。だが、強面《こわもて》な風貌とは違い、優しい海の男だったという。

この日の夕食は、主計長の粋な計らいで、引揚者たちへ赤飯がふるまわれたという。

海防艦「福江」でも、艦内で2人の赤ちゃんが誕生したという。

元海軍兵、田口康雅は、『あゝ復員船』のなかで、こんな証言をしている。

1946（昭和21）年2月20日、テニアンから沖縄へ向かう途中に男児が生まれた。

《艦内は喜びに沸き、艦長（田ケ原義太郎氏）は福男と命名した》

その翌月3月10日、台湾から鹿児島に向かう途中、今度は女児が生まれたという。
《(難産で妊婦は)三時間余りの苦闘の末無事に女児出生。艦内は再び喜びに沸き、艦長は福江と命名した》
また、復員船となった「海防艦76号」に乗船した元海軍兵、吉岡秀夫も洋上での出産に立ち会ったひとりだ。
フィリピンのミンダナオ島ダバオから引揚者を乗せて日本へ帰国する途上での出来事を、『あゝ復員船』のなかでこう綴っている。
《レイテ島沖合で一人の女児が生まれた。名付け親を懇望された艦長はしばし沈思黙考の末、レイテ島からとった「麗子」と命名書を書いた。オギャーという声は弱々しかったが、少なくとも上陸するまでは元気だった》
1945(昭和20)年10月。終戦の年にレイテ沖合を航行中の復員船で生まれてから、45年後に書かれたこの手記のなかから、吉岡は、この女児に呼びかけている。
「麗子ちゃん、お元気ですか」と……。

食事のうらみ

長い航海が続く復員船内での食事は、どうなっていたのか。

「日本海軍では伝統的に、乗組員の健康を考えた食事がふるまわれていたので、戦時中も、また、戦後の復員活動の間も、空腹でつらかった、という思いをしたことはなかったですね。それは、空母『鳳翔』の乗組員だったから……という恵まれた環境があったからかもしれませんが」

こう山本が振り返るように、日本海軍の空母や戦艦などは、艦内の設備も整えられ、また、食糧も多く積み込むことができるため、航海中も食事は、時間通り、そして白米などがきちんと準備されていたという。

かつて、日本の旗艦だった戦艦「大和」では、幹部クラスは毎食、フルコースのような食事が、ふるまわれていたといい、そこから〝ヤマトホテル〟などという言葉まで生まれ、海軍兵の間でも、うらやましがられていたことが知られている。

艦内には、炭酸飲料水のラムネ専用の製造機や、アイスクリームを作る製造機まで持ち込まれていたというのだから。

「ただ、少々、誇張された話ばかりが広まっていたようで、実際には、質素な食事だったという話も聞きますが……」と山本は苦笑する。

沖縄海上特攻に出撃した「大和」の測量要員として、艦橋の一番上に配置されていた測距儀のなかに乗り込み、この特攻作戦に参加していた元海軍兵、北川茂を取材した際、「大和」での〝最後の食事〟の内容について、こんな話をしていたのが、強く印象に残っている。

「この日、いよいよ戦闘開始の直前。午後零時からの昼食の時間が1時間早められました。午前11時、おにぎり2つとたくあん3切れが、すべての乗組員に配られました。これが、『大和』で食べた最後の食事となったのです……」

質素ではあるが、たとえ、戦闘中であっても、約3300人分もの乗組員全員に、きちんと白米のおにぎりとおかずの昼食がふるまわれていた、当時の日本の海軍兵力には感心させられる。

「復員活動中も、『鳳翔』の艦内ではきちんと白いごはんが炊かれていましたし、また、米軍のレーションと呼ばれる缶詰なども積み込まれ、これをおかずとして航行中によく食べていましたね……」

ただし、往復で数週間に及ぶ航海中、引揚者と山本たち「鳳翔」乗組員を合わせ、一度に数千人分の食事を毎日三度三度、欠かさずに作りつづける厨房は大変だったという。

「鳳翔」乗員280人のうち、主計科の食事係約70人が総がかりで連日、厨房で、ご飯を炊き、味噌汁を煮、おかずを調理していたのだから、「やはり我々、通信室同様に、こちらも毎日〝戦場〟だったに違いありませんね」と山本は苦笑した。

元空母「鳳翔」のように大きな艦で乗組員も多く、調理の施設が整っていた復員船と違い、元々、乗組員の定員が少なく、調理の設備も少人数しかまかなうことができなかった復員船の船上では、航行中、引揚者や乗組員たちの食事を、どのように準備していたのだろうか。

終戦後、復員船に改造された元駆逐艦「竹」に乗船し、復員活動に従事した元海軍兵、大塚達雄が、この〝炊飯事情〟についての証言を『あゝ復員船』のなかに寄せている。

「竹」は公試排水量約1500トンで、「鳳翔」（公試排水量約1万500トン）に比べ、はるかに船体は小さかった。

空母と駆逐艦の、戦後の復員活動での生活環境の落差……。この事実は、引揚者たちの食糧事情にも影響していたようだ。

《浦賀で現在、甲板に野戦釜がいくつか据えられているのには驚いた。短現中尉の主計長からの引継ぎでの話を聞くとこういうことだった。この艦の烹炊所《ほうすいじょ》の釜は、少人数の乗組員の分しか炊けない。たくさんの引揚者の飯を炊くにはこれしか仕方がないのだ》

元海軍兵としてのプライドを持って生きてきた大塚が、こう嘆くのも無理はなかった。

「竹」は全長約100メートル、全幅約9メートル。細長い船体の甲板の上には、艦橋や煙突の他、高角砲や機銃などの武装がぎっしりと搭載され、無駄なスペースがほぼなかった。艦内も細長く、そして狭く、引揚者の居住スペースの確保には苦労したという。

復員船へと改造するなかで、砲台から高角砲や機銃などを撤去し、ようやくスペースを確保した甲板の上に、臨時の〝炊き出し〟のための釜をいくつも設けていたのだ。

《私は早速、無用になった陸上部隊の大きな蒸気釜をいくつかもらってきて、従来からの重油バーナーの釜と取り換えた。ただ、それだと停泊して蒸気をおとすと飯が炊けない。格好は悪いが、停泊中の飯炊き用に野戦釜は残した》

また、引揚者たちの食事の内容も気になる。乗組員と同じ食事だったのだろうか。

山本は、「復員輸送の航行中、『鳳翔』の乗組員たちは白米のおにぎりや米軍のレーションなどをよく食べていた」と話していたが、南方の島の栄養失調の軍人、葫芦島のやせ衰えた民間人らは、胃腸も弱っており、白米のおにぎりなどを、いきなり食べさせるわけにはいかなかった。

「おかゆや雑炊などで胃腸を慣らしていきながら、徐々に白米へと切り替えていったのです」と話す。

ただ、この乗組員たちと違う食事に対し、不満を漏らす引揚者たちも、少なくなかったとも……。

復員船となった「海防艦150号」に乗船し、ダバオから日本の民間人を乗せて日本へ戻る途上の、こんな複雑な食事事情について、元日本海軍兵、村岡敬公が、『あゝ復員船』のなかでこう明かしている。

《引揚者の健康状態はこのようであったから、一度に米の飯を食べさせるわけにはゆかない。最初は白がゆに梅干しから出すのが順序である。何も意地悪をしているわけではない。ここのところを分かってもらいたい、と心苦しい気持であった》

これら、小さな船体の駆逐艦や海防艦などと違い、「鳳翔」と同じく、炊飯の設備などが整えられ、比較的、生活環境が恵まれていたとされる元空母「葛城」の乗組員だった妹尾作太男でさえ、こう吐露している。

《艦上で連日はげしい作業に従事していたわれわれ乗組員でも、朝と昼は代用食で、米飯など一日一食であった》と。

終戦直後の日本で、復員船に乗り込んだ山本たち、若き元海軍兵たちは、満足な食事もとらずに、長い航海を続けていたのだ。

山本とともに「鳳翔」に乗艦していた主計科庶務の木越正太郎は、手記の中でこう吐露している。

《いつも「往きはよいよい、還りはこわい」航海であった。と言うのは、なにしろ数千人もの三度三度の食事を配食せねばならないので、主計科の「めし炊き」はなんと七十名を超えていた。従ってなかには予科練出身の元気者も混じり、元気溌剌《はつらつ》と烹炊作業にいそしんでいた》

一度に3千人以上もの引揚者を乗せて日本へ引き帰す「鳳翔」の復路の調理の労働は、主計科の乗員にとって、まさに息をつく間もないほどの忙しさであっただろう。

だが、それだけに一方で、木越はこんな充実感にもひたっていた。

《畳一畳に約二～三人というせまい居住区であっても、あと旬日で祖国の土が踏めるよろこびを胸に秘め、ご飯と味噌汁と沢庵に随喜の涙を見たとき、嗚呼《ああ》この仕事をしていてよかった、としみじみ思っ

たことである》

片や、通信科の山本は、来る日も来る日も「鳳翔」の通信室のなかで、常に緊張感に包まれながら、モールス信号の伝聞を聞き取り、書き起こしていた。まさに、寝食を忘れて……。

復員活動1年

葫芦島市から引揚者を乗せ、日本の港へ連れ帰ってきた「鳳翔」に、引退の日が迫っていた。

1945（昭和20）年10月から、翌1946（昭和21）年8月まで、ほぼ1年。

赤道越えを何度も繰り返し、南洋の島々をはじめ、東南アジア、満洲など世界の海を往復し続け、その航海はすでに計8往復を数えていた。

戦場跡や、かつての日本の占領地から「鳳翔」が祖国へ連れ帰ってきた引揚者の総数は約4万人に達しようとしていた。

「もう疲れたか？　故郷へ帰りたかったか？　いやいや、まだまだ……。だって、まだまだ復員船に乗せて、連れ帰らなければならない日本人は、世界各地にたくさん残っていましたからね」

山本のように、志願して復員船に乗り込んでいた屈強な元海軍兵のなかにも、さすがに復員活動が1年近くに及ぶと、艦を降りることを希望する乗組員たちも増えていたという。

『あゝ復員船』のなかに出てくる海軍経理学校卒業後に復員活動に従事していた若い元海軍兵たちのなかにも、大学受験などのために、しだいに復員船を降りていく者が増えはじめていく話が出てくる。

20歳前後で終戦を迎えた若い海軍兵にとって、これからの人生は長い。

大学へ入り直し、新たな人生をやり直すには、まだまだ遅くはなかったからだ。

実際、終戦直後、海軍の上官から、「自分たちの世代が復員活動をするから、君たちは復員船に乗らなくていい。大学へ入り直してほしい」、そう言われ、復員船を志願しても、断わられた珊瑚会の学生たちも少なくなかったという。

復員船が日本の港に寄港した際、「もう船を降りたい」と申しでれば、慰留されるケースはもちろんあったともいうが、その多くは受け入れられていたという。

復員船に乗って働きつづけていた彼らは、もう日本海軍の軍人ではない。戦争は終結したのだ。復員船に残りつづけることは、国民の義務ではなかった。命令されるいわれも、命令に従う必要もなかったのだ。

だが、山本は違った。

取材の間、山本はしばしば「海軍五省」と呼ばれる、海軍兵学校で生まれた、海軍軍人の心構えを示す五つの訓戒について、口にした。

《一、至誠に悖《もと》るなかりしか（真心に反することはなかったか）
一、言行に恥づるなかりしか（己の言動に恥ずかしいことはなかったか）
一、気力に欠くるなかりしか（精神力は十分であったか）
一、努力に憾《うら》みなかりしか（十分に努力はしたか）
一、不精に亘《わた》るなかりしか（最後まで十分に取り組んだか）》
「私は、この海軍の五省を、片時も忘れたことがありませんでした。通信学校以来、鍛えられた日本海軍軍人の魂が、すっかり染みついていましたからね……。だから、『鳳翔』を降りようとは、復員の活動中、一度も考えたことはなかったのです」

激しく、老朽化していく「鳳翔」とは違い、若い山本は、まだまだ、意気軒高だった。

「さすがの『鳳翔』も、もう、引退の日は近いだろう。哀しいですが、その日はやがて来るだろうと思っていましたよ。私の引退？　いやいや、まだまだ私は復員の仕事を辞めるわけにはいかない……。私が辞めたら、復員船の到着を信じて、今もどこか世界の港で待っている同胞たちを、いったい、誰が助けにいくのですか……」

山本の心のなかでは、まだまだ、長い〝投錨〟をする意志は、微塵《みじん》もなかった。

復員に懸けた情熱の炎は、心の奥底で力強く、したたかに燃えつづけていたのだ。

第七章
転錨（てんびょう）——空母から海防艦へ——

港や洋上の沖合いなどに降ろしていた錨をワイヤーで巻き上げ、艦が錨泊する場所を移動し、そこで再び錨を降ろすことを「転錨《てんびょう》」という。

山本重光の復員活動の拠点となる錨泊地も、盟友として長い日々を、ともに過ごしてきた「鳳翔」から〝転錨〟されようとしていた……。

戦い、いまだ終わらず

「私は赤道を何度も越えたんですよ……」

山本は胸を張りながら、こう振り返る。

日本〜ブーゲンビル間は2往復し、4度の〝赤道越え〟を経験したほか、ジャルート、シンガポールなど山本が「鳳翔」に乗艦して駆け付けた島や港はいずれも赤道の間近。遠洋航海が続いていた。

これまで山本が「鳳翔」とともに航行してきた距離を通算すると、合計で地球1周分（約4万キロ）を軽く超え、2周分近くに達しようとしていた。

日本海軍の歴戦の軍艦乗りでも、複数の艦を乗り継がなければ到達できない距離を、山本は「鳳翔」1艦で、しかも1年足らずでこなしてきたことになる。遠洋航海のベテランの船乗りに匹敵するぐらいの経験を築きつつあったのだ。

圧倒的な収容人員、長い航続距離という機動力を生かし、「鳳翔」も復員船として八面六臂《はちめんろっぴ》の活躍をしたといえるだろう。

「明けても、暮れても、海ばかり……」

幾度もの赤道越えを誇らしげに語る一方で、山本は、笑いながら何度も、この言葉を口にした。

「赤道越えを何度も経験すると、とくに珍しくもなくなってしまいましてね。『鳳翔』の乗組員たちも、すっかり慣れてしまったようでした」

〝間もなく赤道。赤道通過5分前……〟という艦内放送に心躍らせ、色めき立っていた「鳳翔」の乗組員たちは、もう、特別に驚くこともなく、慌てて飛行甲板へ駆け上がっていく〝お調子者たち〟の姿も、ほとんど見えなくなっていたという。

「もう、『赤道は見えるのか？　本当に赤い色をしているのだろうか？』などと冗談をささやきあう者もいなくなっていましたね……」

苦笑しながら、淡々とこう振り返る山本は、1946（昭和21）年7月10日。「鳳翔」の艦内で、20回目の誕生日を迎えていた。

「鳳翔」のすべての乗組員のなかでも最若手のひとりだった山本の復員活動へ懸ける情熱は、復員活動の激務が1年近く続こうとも、いささかの衰えも見せていなかった。

しかし、いくら、まだ20歳になったばかりの若さとはいえ、敗戦後、一度も帰郷することなく、命を落とす危険性もある緊張感に満ちた復員の仕事に就き、たび重なる遠洋航海によって、心身に染み付いた疲労の激しさは想像にかたくない。

母港の呉に寄港しても、「ほとんど陸《おか》の上にあがることはありませんでしたね」と山本は振り返る。

先にも述べたように、呉の港に帰っても、「鳳翔」の艦内が完全に無人になることはなかった。もちろん、交代で休憩をとり、港の街の飲食店などで息抜きをすることは認められていたが、各部署ごとに当直が決められ、誰かが「鳳翔」の番をしていた。また、次の復員の航海のための準備が大急ぎで行われていた。最若手の山本には帰港後も、やるべき多くの仕事があったのだ。

次の復員活動のための航海で呉の港を出発するまで、山本は「鳳翔」の艦内で待機要員として過ごす時間が多かった。

いつも就寝は、山本のお気に入りの〝寝床〟であるハンモックの上だった。

片や、老船「鳳翔」は、母港である呉など日本の港に帰港している際は、どう過ごしていたのだろうか。

沈没の危険にも直面した超弩《ど》級の大嵐など、南洋で数々の暴風雨に、さらされつづけた「鳳翔」の船体も、それを動かす動力機関も、その傷みは、激しい疲労となって重なり、蓄積されていた。

若い山本と違って「鳳翔」は、世界の軍艦と比べてみても、そのキャリアは、もう〝老艦〟と呼べる領域に達していたのだから、なおさらだ。

日本初の空母として、1922（大正11）年に完成してから、すでに24年もの歳月が過ぎていたのだ。

「応急処置で、ごまかしながらの航行にも、そろそろ無理が生じていたようです」。山本の目にも、それがはっきりとわかりはじめていた。

飛行甲板を増設したり、撤去したり……。艦橋や煙突も、戦時中も終戦後も、その形状を何度も改良されてきた。

「〝老体〟にムチを打ちながら、機雷というやっかいな敵や、大嵐など大自然の敵とも戦いながら、ひたすら引揚者を日本へと運びつづけてきたのですからね……」

山本は、ともに洋上で長い時《とき》を過ごし、ともに戦ってきた〝相棒〟の「鳳翔」を気遣うように、かつ、慈《いつく》しむような表情で語った。

遠洋航海に出た船舶は、1回の往復の航行でも、船体やエンジンなどに大きなダメージを受けるという。長時間、塩水をかぶり、潮風を浴びてできたサビが、どんな形状になるのか。

それだけで、船体の損傷具合いは一目瞭然で理解できた。

「船体を覆うように盛り上がったサビは、まるで分厚い鋼鉄の塊のようだった」と山本は言う。

それだけに、航続距離の長い「鳳翔」が日本へ寄港した後は、エンジンなどのメンテナンス以前に、船体のサビ落としの作業だけでも、元整備兵たちにとっては、大変な重労働だった。

とくに「鳳翔」のような古い船体のメンテナンス作業には、相当な時間も労力も必要とされるはずなのだが、「鳳翔」の場合、日本に寄港後、応急処置のような短期間のメンテナンス作業だけで済ませ、すぐに、次の復員活動のために出港しており、この1年間、十分なメンテナンスは、ほとんど行われていなかったようだ。

「鳳翔」とともに復員船へと改造された日本海軍のもう一隻の空母「葛城」も同様だった。

タロキナから約5千人の引揚者を乗せて、呉へ帰港する……という南洋からの復員の航行をこなしていたときのこと。

帰港先が急きょ、呉から神奈川県の浦賀港へと変更され、浦賀で全員を降ろした後、わずか「48時間の間に、燃料を補給し、食糧を積み、再びラバウルへ出港せよ」と命じられたという。

それだけ、南洋への復員船の派遣が〝緊急任務〟であったということだが、「鳳翔」も「葛城」も、十分な整備や補修も、ままならない状況で、無理をしながらの復員活動を続けてきたのだ。

日本海軍の最後の空母として完成した「葛城」は、まだ、建造されてから2年ほどしか年数は経っていないが、「鳳翔」は日本最古の空母だったのだから。

船体だけでなく、動力源である2基の英国製エンジン「パーソンズ式高低圧ギヤード・タービン」にも、いたるところに傷みや損傷が生じはじめていた。

屈強な〝元日本海軍の空母乗り〟たち、いわば日本海軍を代表するような精鋭の整備員による入念なメンテナンスをもってしても、その復旧には限界が見えていた。

「南洋から日本の港へ寄港にするたびに『鳳翔』の整備作業が行われていましたが、整備する元海軍兵たちは、皆、部品の調達もままならず、大変な作業だと話していましたからね。そろそろ、さすがの『鳳翔』も、赤道を越えるような遠洋航海は、もう厳しいのかもしれないな……。寂しいですが、乗組員たちも、みんな、そう思いはじめていたようです」

通信室での任務も軌道に乗り、通信員としての仕事にはすっかり慣れてきた山本自身、老艦「鳳翔」には、しだいに引退の日が迫り、別れの日が近づいてきていることを感じ取っていたのだ。

ジャルート、ウォッジェ、ブーゲンビル、シンガポール、レンパン島、サイゴン、そして旧満洲の葫芦島……。

終戦の日から丸1年を費やし、山本が訪れた、世界に散らばる戦場跡の港は延べ9カ所にのぼっていた。

そして1946(昭和21)年8月、ついに「鳳翔」は、復員船としての役目を終える日を迎えたのだった。

◇　◇

では、山本の復員業務も、このとき解かれたのだろうか。引退の日は訪れたのだろうか?

否、山本の復員活動は、まだ続いた。

「私は『鳳翔』とともに、復員活動からは引退させてはもらえませんでしたね。『鳳翔』から降りた後、すぐに、次に通信員として乗船する復員船が決まったのです」

山本が乗艦を命じられた船の名は、元日本海軍の軍艦「海防艦126号」だった。

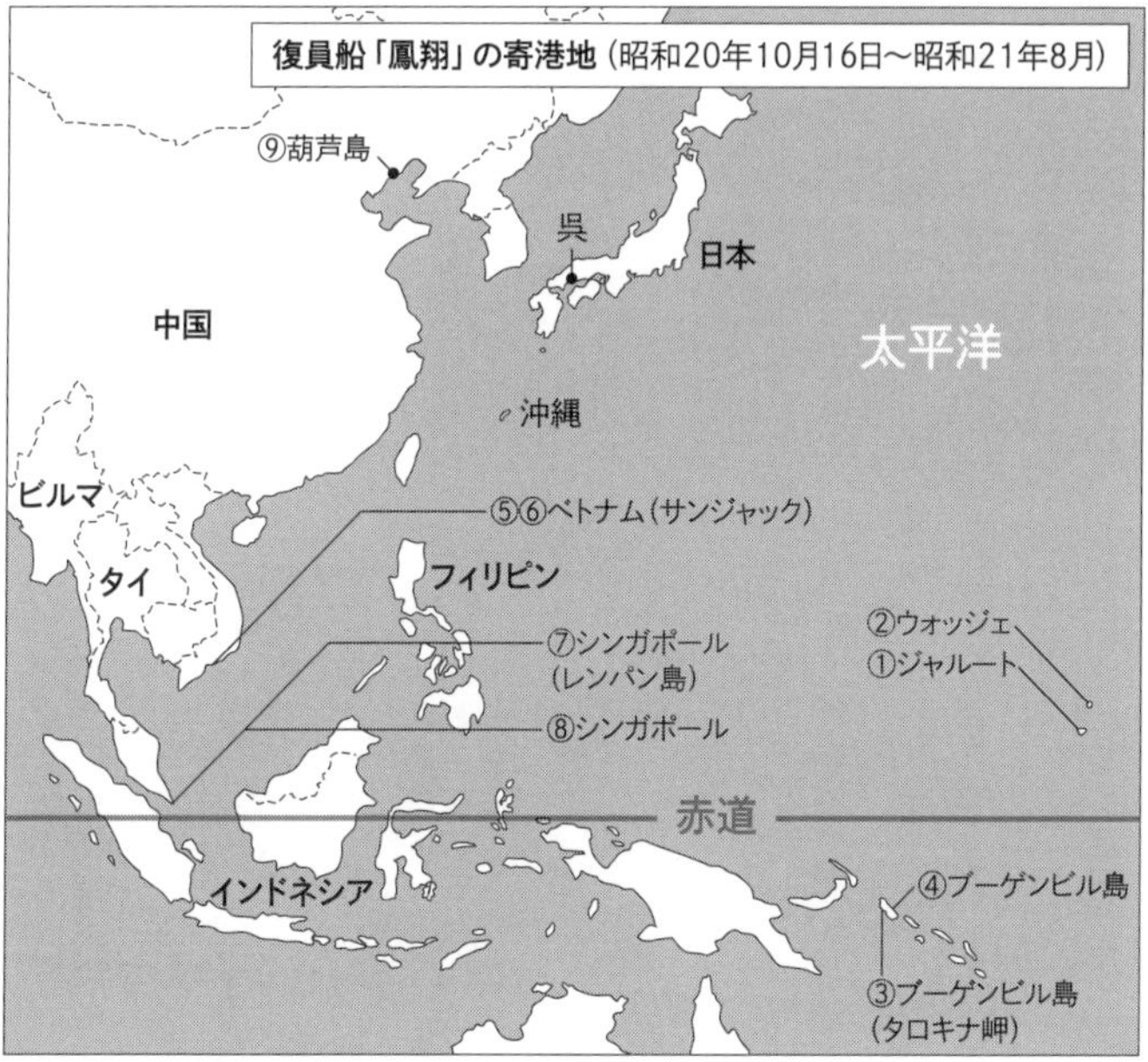

山本重光や「鳳翔」乗組員の証言に基づき作成

「『鳳翔』との別れはつらかった……」。そう山本は語ったが、毅然とした表情でこう続けた。

「まだまだ、私は故郷の三重へ帰るつもりはありませんでしたね。そのまま、呉の港に残ることに決めたんです。復員船の仕事も、そのまま継続することにしたのです……」

たとえ、老朽した元空母「鳳翔」が復員船から引退しても、まだまだ、大勢の引揚者たちが、世界中の港で復員船の到着を待っていたのだ。

航行可能な日本海軍の元軍艦は、依然、フル稼働しながら、復員活動を続けていた。

そして、山本のように、復員船を乗り継ぎながら、引揚者の救出活動を継続していた元海軍兵も、まだ、大勢、残っていたのだ。

「航行可能な復員船がある限り……。私はそう覚悟していました。復員活動に誇りをもっていましたからね」


こうして、またしても、山本の〝終戦日〟は引き延ばされたことになる。

家族が待つ三重県・伊賀への帰省の日は、再び、大きく遠のいたのだった。

「鳳翔」の艦内で玉音放送を聞き、悔し涙を流した、あの日から丸１年が過ぎた１９４６（昭和21）年8月15日が過ぎても……。

山本にとっての〝終戦〟の日は、まだ訪れそうにはなかった。

その日が、いつ訪れるのかも、山本は考えてなどいなかったという。

小さな海防艦へ

山本が「鳳翔」から転属して乗船することになった海防艦とは、いったい、どんな船だったのか。

海防艦は英語に訳すと、「COAST DEFENSE SHIP(コースト・ディフェンス・シップ)」。沿岸警備用の、小回りの利く、機動力のある小さな軍艦のことだ。

「海防艦126号」は、1945(昭和20)年3月、大阪府岬町にあった川崎重工泉州工場で建造された。

第二次世界大戦末期。日本海軍では大量の護衛艦が必要になったために、軍艦としての構造を簡略化した小型艦が量産されている。

「海防艦126号」も、終戦末期になって、日本各地の造船所で量産されたうちの一隻だった。

全長は約70メートル、全幅は約9メートル。基準排水量は約740トン。乗員約140人。

全長が約170メートル(全幅約20メートル)もあった大型艦の空母「鳳翔」と比べると、船体の長さは約3分の1。基準排水量が7470トン、満載排水量で約1万5000トンを超えた「鳳翔」の

10分の1にも満たない大きさだった。

航続距離も約4500海里（約8千300キロメートル）で、「鳳翔」の1万海里（約1万8500キロメートル）に比べ、半分以下。

「鳳翔」から「海防艦126号」に移った当初は、さすがにその落差に山本は戸惑ったという。

「とても小さな船だなあ……」

外から眺めて、こう思い、さらに艦内に入ってみて、「狭いなあ……」と。正直、こう実感したと、山本は打ち明ける。

「私は海軍に入って以来、空母しか乗ったことがなかったですからね。また戸惑ったのは乗員の数。大勢の乗組員で動かす空母と違って、海防艦は少人数で航行できますから、その少なさに戸惑いまして」

さらに、山本はこう続ける。

「同じ海軍といっても、実は船ごとに、船内での規律や慣習、ルールがかなり違うのです。だから、それに慣れるまでにも少し時間がかかりました。艦長や上官、そして乗組員の考え方や気質も、空母と海防艦では、だいぶ違いましたし……」

ただ、機動力を生かすために建造された海防艦ならではの長所もあったという。

「船体が小さいから、それだけ小回りが利きました。大きな『鳳翔』では入れないような、小さな港から狭い入江、さらに海から川へ入り、遡上して陸地の奥深くまで進んでいくことができたのです。確かに海防艦は、大型艦に比べ、輸送力は劣りましたが、中国大陸の内陸部で待っている日本の引揚者たちを迎えにいくことができたのです」

航続距離は短かったが、この機動力をフルに生かし、多くの海防艦が向かった行き先は、上海など中国各地の港だった。

終戦直後、中国に残された在留日本人の数は150万人以上といわれている。

空母「鳳翔」のような大型艦から、後に山本が乗り継いだ「海防艦126号」のような小型艦まで。日本のすべての復員船を総動員しても、中国からの引揚者の数は、なかなか減らなかったという。

「速力が約25ノットで、航続距離も長かった『鳳翔』に比べ、『海防艦126号』は最大速力が17・5ノットで、航続距離もはるかに短かったが、『鳳翔』が入り込めないような、入りくんだ地形でも航行できたんです。だから、中国の奥地にいる日本人を助けにいくためには、小回りの利く、これら小さな海防艦も復員活動では大活躍したのですよ」

山本が語るように、旧満洲など日本から近いアジア各地の復員活動において、大戦末期に量産された、これら〝小さな海防艦〟が、その機動力を生かし、地道な復員活動に尽力していた。

その奮闘を忘れてはならない。

海防艦の活躍

『あゝ復員船』のなかに、山本が乗船する前に、この「海防艦126号」に復員官として着任していた元海軍兵、山本信夫の証言が記されている。

「ダイ一二六ゴウカイボウカンノリクミニホス　クレニシユツトウセヨ（第126号海防艦乗り組みに欲す。呉に出頭せよ）」

神奈川県の相模野海軍航空隊で終戦を迎えた山本は、愛知県の岡崎海軍航空隊へ移動した後、一時、帰郷していた。

ほっと、ひと息つく暇もなく、そこへ、軍艦から改造され、復員船となった「海防艦126号」への乗船任務を命じる電報が届いたのだった。

山本信夫は、すぐに広島・呉の軍港へと向かった。

1945（昭和20）年10月に着任。約8カ月の間、復員船「海防艦126号」での乗船勤務に就いたという。

パラオから約8日間かけて、民間人約350人を乗せた「海防艦126号」が、神奈川・横須賀の浦賀に入港したときの様子を、彼はこう記している。

《八日間、味気ない艦内に和気を漂わし、時に無邪気な話し相手となり、時にあどけない遊び相手となってくれた小さな子供たちが退艦した後の艦は、静寂そのもので、今までの航海にはなかった淋しさを感じさせます。「さようなら、さようなら」と、艦の方を振り返り振り返り、振っていった小さな手が瞼に焼き付きました》

「日本へ無事に帰国させてあげたい……」

山本重光は、それこそが復員活動に尽くそうと決意した最大のモチベーションであったというが、「帰国して、それで終わりではなく、引揚者の人生はそこから始まるのだ」ということを、復員活動を続けるなかで、痛感させられてもいた。

山本信夫も、また、そのように痛感していた一人だ。彼の証言は、こう続く。

《何も知らない子供たちこそ幸せであり、また可哀相です。彼等がこの敗戦をどう乗り切り、成人した後我々をどう判断してくれるでしょうか。……今回の航海は実に平穏で、幼い少女ら童謡の歌声は、夜の更けるのも忘れさせ、無味乾燥の艦内生活を和ませるものではあったが、戦の犠牲になった外地の特に民間の人と接して、やり切れなく苦い胸を痛めた日々でもあった》

山本重光と同様に、彼もまた、復員船に乗ってきた人たちの表情に、笑顔が戻っていなかったことを気に病み、そのことが頭から離れなかったのだ。

《故郷を出て再び祖国にまみえず、彼の地を墳墓の地と決して、孜々《しし》として働いていた人々の、誰がこうした悲惨な運命を予期していたでしょう。人々の沈み切った顔色を思い出すと、何ものをも呪いたくなるぐらいです》

山本信夫は、1946(昭和21)年5月の上海―佐世保の航海を最後に、復員船「海防艦126号」を降りた。

その約2カ月後……。

復員船を引退した「鳳翔」を降りた山本重光が、今度は、小さいが、機動力のある、この復員船「海防艦126号」へと乗船することになる。

山本の、最大級の復員船「鳳翔」から、最小クラスの復員船「海防126号」への〝転錨〟である。

荒野で待つ同胞を救え

山本が乗船し、「海防艦126号」が最初に向かった目的地は、中国・上海市北部の港湾都市、ウースン。

揚子江の河口近くにあり、古くから交通の要衝として栄え、アヘン戦争の際には英国軍に占領された。以後、軍事基地、造船、工業地域として発達し、１９３２（昭和７）年の第一次上海事変、１９３７（昭和12）年の第二次上海事変では日中の軍隊が激しい戦闘を展開した地として知られる。

揚子江沿岸には、日本軍人の他、民間企業で働いていた在留日本人の数も多く、終戦後も、まだ、この地から日本へ帰れずにいた。

「これが、本当に川なのか……」

山本は「海防艦１２６号」の甲板の上から初めて眺める揚子江の河口を見て、ただ驚愕したという。

「とうてい、この川幅は測りようもない。ただ、その海のような広大さに驚くしかありませんでした。日本では、こんな大きな川など、見たことがありませんでしたからね」

さらに、港に近づくにつれ、復員船を待っている日本人の数の多さに、山本は驚くしかなかった。

このとき、「海防艦１２６号」には、民間人の高齢の男女から小さな子供たちまで、約３００人が乗船してきたという。

「小さな海防艦のスペースを有効利用するために、ハチの巣のように区切られ、仕切られた空間に、引揚者たちを押し込めるようにして乗せるしかありませんでした」

さらに、機銃を撤去した甲板には、そのわずかなスペースを利用し、臨時の簡素な小屋も建てられていた。

この小屋も、引揚者たちの居住区などとして、あてがわれていたという。

「それでも、乗せられる乗員の数はしれていましたね」

元空母「鳳翔」のように恵まれたスペースはないのだから、それも仕方のないことだった。

「こんなに人をぎゅうぎゅうに詰めこんで乗せて、それでも、ようやく、この人数が限界なのか……」と山本は愕然とした。

一度に3千人以上もの人員を運ぶことができた「鳳翔」とは違い、「海防艦はやはり小さいな……。一度に300人〜500人を乗せるのがやっとか。港には、まだまだ大勢の日本兵と民間の人たちが待っているというのに……。これは、あと、何回も往復しなければいけないぞ」

ウースンの港で復員船の到着を待つ日本人の引揚者の多さをまざまざと目の当たりにした山本は、焦りを感じると同時に、そう覚悟したという。

ここウースンの港をはじめ、上海などを拠点に中国から日本へ引き揚げた軍人や民間人の総数は、約153万5400人にものぼっていたのだ。

「海防艦126号」よりも高速で洋上を走り、10倍以上の輸送人員を運ぶことができた「鳳翔」での復員活動に慣れていた山本にとっては、その輸送態勢の差に、もどかしさを感じざるをえなかった。

ただ、それだけに、山本は日本へ引き返す途上、すでに次の出港のことを気にかけながら、通信業務に就いていたという。

「一刻も早く日本へ帰り、そして一刻も早く日本を出港せねば……。私たちが早く助けにいかなければば、皆、衰弱して病気になるか、死んでしまう。私は何度でも往復するぞ！」

自分は復員船「鳳翔」の通信員を1年間、務めあげてきたのだ……。

そんな、誇りと自信をみなぎらせながら、早くも山本の胸には、新たに着任した「海防艦１２６号」への愛着が湧き起こり、中国と日本との往復という新たな任務に対する誇りが芽ばえていた。

まだ、21歳になったばかりだが、日焼けした山本の顔は、見違えるほどたくましさが増していた。

厳しい規律

「スマートで、目先が利いて、几帳面、負けじ魂、これぞ船乗り……」

山本は、この言葉が好きだった。

これは、日本海軍で代々受け継がれてきた軍艦乗りの心構えを説いた格言であり、海軍兵たる生き方を示した戒律である。

「鳳翔」が復員船になった後も、乗組員たちは、この〝日本海軍の伝統と誇り〟を胸に、艦内での規律を守りつづけていたという。

もちろん、海軍兵から解かれた後も山本は率先して、この言葉を守り、復員船「鳳翔」の艦内における日々の行動のなかで、この教えを実践していたという。

そして、当然、「海防艦126号」へ〝転錨〟してからも……。


しかし、こうした山本の意に反して、急きょ復員船用に招集された小さな海防艦などでは、元海軍兵だけで乗組員を集めることができず、一般から船乗りを公募し、〝混成チーム〟で航行していたという。そんな急ごしらえの艦内では海軍の規律が守られず、混乱をきたすことも少なくなかったという。『あゝ復員船』のなかに、乗組員の給料を払うために、主計科員に銀行に行かせたところ、銀行から全員の給料分を引きだした後、その主計科員が行方不明になったり、また、士官室で女性と酒を飲んでいた航海士が、下士官たちに詰問され、体を抱え上げられ、海のなかへ放りこまれたり、といった事件も起きていたことが記されている。


たとえば、機雷敷設艇だった「巨済」の乗組員も定員140人のうち、「大半は終戦間際に入隊して、艦《ふね》を見たこともない飛行兵や整備兵、あるいは陸戦隊隊員などで占められ、航海の経験者は全体の三分の一ぐらいであった」と艦長の志賀は語っている。

だが、小さな艦ならではの良さもあったという。

「〝巨済一家〟の精神こそは、艦長である私のミスをカバーしてあまりあるものと、確信するものである」と志賀は、「巨済」から降りる際、述懐している。

また、駆逐艦から復員船となった「雪風」の航海長として、「雪風」とともに終戦を迎えた中垣義幸大尉は、海軍軍人たちの証言集『太平洋戦争　日本軍艦戦記』のなかで、こう語っている。

《戦争は終わった。――永い戦いに勇戦して生き残り、やっと海の勤めから解放されたと思った雪風は、まだまだ解放されない。九月十五日特別輸送艦に指定されて、終戦処理のため、外地にある軍人、民間同胞の引揚業務にあたった》

「雪風」も「鳳翔」と同じく、奇跡的に戦後まで航行可能な状態で生き残った軍艦の一隻だった。

山本が復員船「鳳翔」に残ることを覚悟したときに抱いた思いと似ているかもしれない。

そのときの思いを中垣は、こう述懐している。

《雪風は幸いにして戦争当時からの乗組員が多数残った関係もあって、規律は厳正、「帝国海軍の跡始末はおれたちの手で立派にやりとげよう。それが生き残ったおれたちの義務であり責任だ」というのが、当時の乗組員の決意と誇りでもあった》

山本が取材中に何度も口にしていた、「スマートで、目先が利いて、几帳面、負けじ魂、これぞ船乗り……」

この信念だけは、軍艦から、復員船へと変わった、それぞれの艦内でも不変だった。

元日本海軍の兵士たちの心から、消えることはなかったのだ。

第八章

宜候（ヨーソロー）――舳先の向かう先――

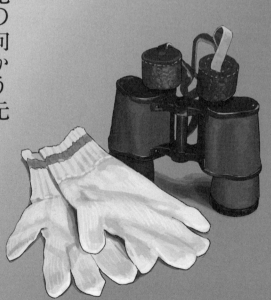

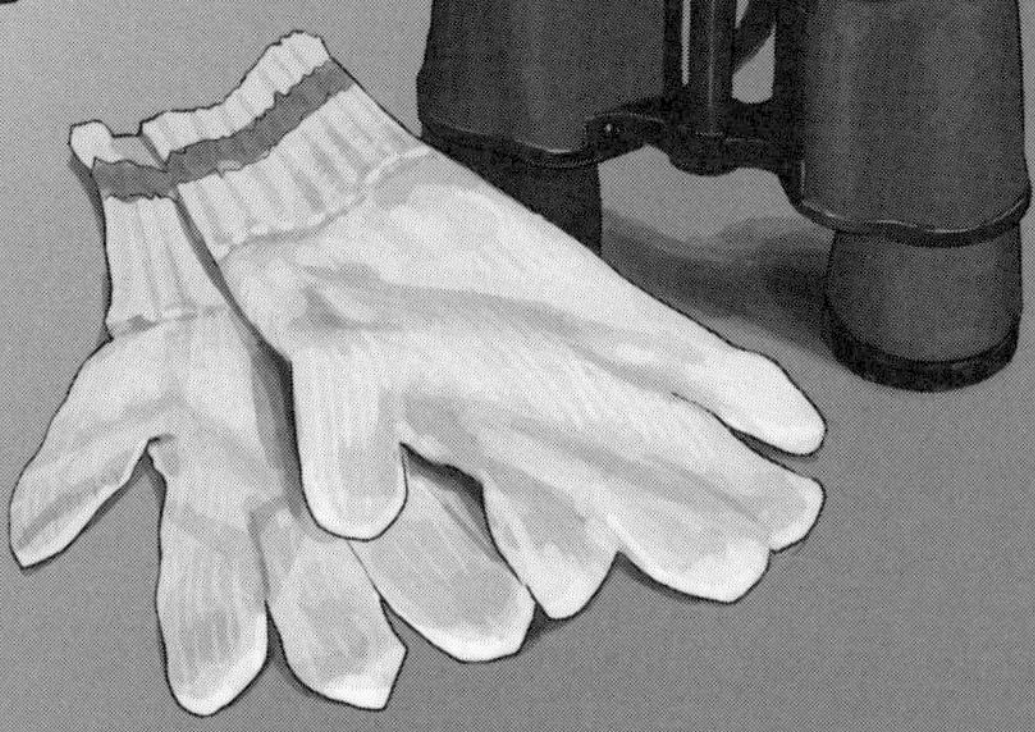

洋上の船が進む方向を定めたとき。船長はこう操舵の号令を下す。「ヨーソロー!」。今、向かっているる方向をそのまま直進しろ——という合図である。復員活動に尽くした山本重光たち〝名もなき勇者たち〟は復員船を降り、第2の人生を歩みはじめようとしていた。新たな舳先《へさき》へ。

ヨーソロー……。

「鳳翔」の最期

空母から復員船へと改造された「鳳翔」が、広島・呉の港から南洋へと出港していった〝初船出〟の日から約11カ月。合計8回に及ぶ遠洋航海によって蓄積された疲労の跡を物語るように、〝老船〟の船体には鉄の塊のようなサビが盛り上がり、ほぼ休みなく駆動しつづけていたエンジンのダメージも限界に達していた。

ついに「鳳翔」は、復員船という使命からも解放されることが決まった。1946（昭和21）年8月31日をもって、「鳳翔」は〝特別輸送艦〟という指定を解かれることになったのだ。

8月15日の終戦の日から数えて丸1年……というのも、「鳳翔」引退のひとつの区切りであったのだろうか。

日本海軍の艦籍を除籍され、第二復員省の特別輸送艦に指定され、「日本商船管理局」所属の復員船としての任務も解かれた「鳳翔」には、もう船として、次の役目を与えられる機会は訪れなかった。

マッカーサー、GHQは、たとえ武装解除されようとも、日本に空母が存在することを許さなかったのである。

「鳳翔」は、寿命が尽きた〝老船〟として、ただちに船体は解体されることが決まった。

それは、敗戦した日本海軍の軍艦にとっての宿命ともいえた。

すでに日本の空母は、この「鳳翔」と「葛城」の他は、すべて米艦隊など連合国軍の艦隊から海戦のなかで魚雷や空爆によって世界の洋上や港で撃沈されたか、終戦後は日本人の手によって爆破され、沈められたか、または、日本各地の造船所に回航され、解体処分にされていた。

「鳳翔」にとっての最後の航行の地。その向かう先が、決まった。

永久に錨をとどめる〝最後の錨地〟は大阪湾だった。

正式に解体の日程が決まると、「鳳翔」は、長年、母港として過ごした広島・呉の港を出港し、ゆっくりと、大阪・南港にある日立造船築港工場へと回航されていった。

解体工事は、約半年以上を費やして行われ、翌1947(昭和22)年5月1日に、すべての解体が完了する。

1922(大正11)年、日本海軍史上初の航空母艦としてこの世に生まれ、1932(昭和7)年、初陣として第一次上海事変に出撃。

以来、真珠湾攻撃、ミッドウェー作戦をはじめ、第二次世界大戦では幾多の海戦に参戦。呉軍港空襲では、米軍の空襲をしのぎ、無傷で生き残った〝奇跡の空母〟だった。

終戦後、日本に〝最後の奉公〟を果たすように、復員船としてフル稼働し、その船として持つエネルギーをすべて捧げるようにして、〝世界最初の空母〟らしく使命をまっとうした。

「鳳翔」とともに、呉軍港空襲を、ほぼ無傷で生き抜き、復員船として最大航続距離、最高速クラス、最大級の輸送人員を誇った空母「葛城」も、1年以上にわたる復員活動を終えた後、「鳳翔」の後を追うようにして、1946（昭和21）年11月20日、特別輸送艦の指定を解かれた。

復員船の務めをまっとうした「葛城」も、また、ただちに解体される運命にあった。

「鳳翔」が運ばれた日立造船築港工場から約5キロほど離れた大阪・南港にある、同じ日立造船の桜島工場へと「葛城」は回航されてゆく。

同年12月22日から解体工事が始まり、翌1947（昭和22）年11月30日、「葛城」の解体工事はすべて終了した。

「葛城」の空母としての運命も、また、数奇だったといえるだろう。

空母として稼働した期間は、たったの1年という短命だった。

しかも、第二次世界大戦末期の1944（昭和19）年10月に完成した「葛城」には、結局、一度も実戦の海戦に出撃する機会は訪れなかった。

なぜなら、空母として運ぶ艦載機も、また、それら機体を操縦するパイロットも、何よりも、自力で航行するために必要な燃料が、もう日本には、ほとんど残されておらず、呉の軍港から出港することもできない状態だったのだ。

「鳳翔」と同じく、呉軍港の近く、江田島で、島の一部のように擬装され、米軍機を迎撃する砲台としての役目を果たしたのを最後に、終戦の日を迎えたのだった。

そして、完成から丸1年が過ぎた翌1945（昭和20）年10月に軍艦から除籍される……。

こうして、空母として生まれながら、その戦闘能力を発揮する機会は永遠に失われた。

だが、船として生き残るチャンスは巡り来る。

復員船として、南洋のブーゲンビル島やラバウル、スマトラ島へ……。呉軍港空襲において、米軍機の空襲によって受けた爆撃で、飛行甲板の一部がめくれ上がった状態の、痛々しい姿のままで、戦後の1年間、世界の洋上を駆け抜け、日本国民のために奉公したのだ。

長い航続距離と高速力を生かし、1945（昭和20）年12月18日から翌1946（昭和21）年11月2日まで。

ほとんど休むことなく、日本から遠く離れた、はるか南方の島々など戦場跡へ。

海戦の戦場に出陣することは一度もなかったが、復員船としては、行く先々、すべてが、〝敵陣〟へと舳先を向けての航行だったのだ。

〝大和地方の名峰・葛城山〟にちなんで付けられた艦名。世界の港で、日本からの迎えを待ち望む元軍人や市民たちの多くが、船側に書かれた「KATSURAGI」の文字と、その横に描かれた日の丸の旗を見て、歓喜の涙を流したという。

「こんな大きな空母が、まだ、日本には残っていたのか……」。そんな驚きの声を上げながら。

敵地と日本の港とを計8往復し、1回で約5千人もの陸、海軍兵や一般の市民を連れ帰り、その数、通算で計約4万人を超える引揚者を祖国へと送り届け、〝日本最後の空母〟は、その役目をまっとうした。

戦争ではなく、人の命を救うために、世界の海を舞台に、こんな八面六臂の活躍を最後までやり遂げた日本海軍の空母は「鳳翔」、そして「葛城」。たった2隻のみだったのだ。

世界史を紐解いても、戦うためにつくられた航空母艦が、戦争ではなく、平和活動のために、これだけ多大な貢献を果たしていたという史実は、世界各国の海軍の歴史を掘り起こしてみても、この2隻以外には、おそらく存在しないだろう。

地味で決して目立たないが、誰かがやらなければならなかった、この地球規模の壮大なスケールの人命救助のために、「鳳翔」と「葛城」は、船体を解体処分される、その最後の日まで、持てる能力を振り絞り、船としての使命を果たしたのだから。

復員船からの転身組

これら2隻の空母と同じように、軍艦から転用されたほとんどの復員船は、その役目を終えると次々と解体されていった。だが、なかには、引退することも、解体されることもなく、さらに別の使命を帯びて蘇り、洋上へと繰りだしていった軍艦もあった。

その後、復員船がたどった、それぞれの数奇な運命も紹介しておきたい。

山本が「鳳翔」から乗り継いだ「海防艦126号」は、復員船の指定を解かれた後、日本国内で解体されることはなく、1947（昭和22）年8月、第二次世界大戦の戦勝国のひとつである英国海軍へと引き渡されていった。

また、解体されなかった復員船の一隻として、その後、南極観測船として歴史的に名を残す「宗谷《そうや》」がある。

幾度もの海戦を生き抜いた「鳳翔」の経緯と同様、軍艦として誕生しながら、「宗谷」が、その後、たどった流転の経歴も、また、数奇な運命だったといえるだろう。

元々は、1936（昭和11）年、ソ連（現ロシア）向けに引き渡される「耐氷構造貨物船」（極寒の海で、海氷や低温の海水でも航行できる能力を持つ船舶）として日本で着工されたのだが、建造中に日中戦争が激化。日ソ関係も悪化したため、引き渡しの契約は流れ、日本にとどまることになる。

1938（昭和13）年に完成後、しばらくの間、日本の民間企業が貨物船として運用していたが、日本海軍が、その耐氷構造など特殊な能力に着目し、特務艦として買い上げることが決まった。

こうして、1940（昭和15）年、「宗谷」は貨物船から、日本海軍の特務艦へと生まれ変わったのだ。

「宗谷」には、当時、珍しかった最新の英国製音響測深儀（ソナー）などが搭載されていたため、海軍は測量船として期待をかけた。

最新鋭のソナーを搭載した「宗谷」は、トラック諸島、ブーゲンビル島などを測量するために何度も赤道を越え、南洋と日本を往復した。

ラバウルでは何度も敵機による空襲に遭い、至近弾にも見舞われたというが、いずれの危機からも逃れ、日本へ帰ってきている。

第二次世界大戦末期には、神奈川・横須賀と北海道・室蘭などの往復ルートで輸送する任務を担った。このときも、何度も米軍の機動部隊や潜水艦などと遭遇しているが、やはり危機を脱し無事、港へ帰ってきている。

敵艦から発見される寸前、霧によって姿を消し、難を逃れたという記録も残っている。こんな天候にも救われた強運の船として、「宗谷」は奇跡的に無傷で終戦を迎えたのだ。

終戦直後の１９４５（昭和20）年8月29日。「鳳翔」がたどった運命と同じく、「宗谷」の軍艦旗も、乗組員たちの目の前で焼かれている。そして、翌30日にＧＨＱへと引き渡されていく……。

9月5日、日本海軍籍を、いったん除籍されているが、実は、ここでも、まだ「宗谷」の任務は終わっていない。

ＧＨＱから、再び日本へと引き戻された「宗谷」は、今度は大蔵省の管轄下に置かれ、日本商船管理局に所属する復員船「宗谷」として蘇るのだ。

ヤップ島、グアム、トラック島、上海……。南洋の島々からアジア各地の戦場跡と日本との間を「宗谷」は何度も往復し、１９４８（昭和23）年まで、計約1万9千人の元軍人、民間人を日本へと連れ帰り、復員船としての務めを終えた。

だが、この復員活動の任務を解かれても、まだ「宗谷」は、解体されも、戦勝国へ引き渡されもしなかった。

いったん、北海道・小樽に回航されていた「宗谷」に新たな任務が下される。

それは、日本各地の灯台へ物資を届ける「灯台補給船」という、「宗谷」ならではの新たな特殊任務だった……。

そして、終戦から10年経った１９５５（昭和30）年。

「解氷構造船」という〝特殊な性能〟に、白羽の矢が立てられる。日本初の「南極観測船」に抜擢され、「宗谷」は、南極の昭和基地へと向かうのだった。

興味深いことに、「宗谷」は南極観測船という国家の威信をかけた重要任務をまっとうした後も〝しぶとく〟次の任務に就いていた。

北海道を母港にし、巡視船として活躍。そこで、最後の役目をまっとうした。

最後になびいた日章旗

一方、復員輸送の役目を終えた〝奇跡の駆逐艦〟「雪風」の運命はどうなったのか？

復員活動のために、終戦直後は見逃してくれていたが、「雪風」は、戦勝国へのいわゆる戦利品のひとつ、「戦利艦」（賠償艦）として戦勝国へ引き渡される運命にあった。

１９４７（昭和22）年6月、米、英、露（当時はソ連）、中国の計４カ国で抽選が行われ、結果、中国への引き渡しが決まったのだ。

同年7月、「雪風」は長崎・佐世保港を出港。日本に最後の別れを告げ、中国・上海の江南ドックで接収が行われた。

「雪風」の航海長を務めた元海軍大尉、中垣義幸は『太平洋戦争　日本軍艦戦記』のなかで、「雪風」の最後についてこう証言している。

《やがて荘厳な「君が代」の奏楽裡に、敗戦後はじめて雪風のマストに掲げられた日章旗は、スルスルと降ろされ、代わって中華民国国旗が高々と掲揚された。いまもなお名誉と誇りをもつ帝国海軍であることに変わりはなく、挙手の礼でこれをふり仰ぐ乗組員の眼には涙があふれて、万感胸にせまり男泣きに泣いたのである》

戦艦「大和」とともに、沖縄水上特攻作戦に出撃。米艦隊の攻撃をしのぎ切り、沈没した「大和」から海へ投げだされた生存者を救出して乗船させ、日本へ連れ帰ってきた奇跡の駆逐艦。戦後も復員船となって、引揚者たちの命を救いつづけてきた、その運命も〝奇跡の駆逐艦〟らしい最後の奉公だったといえるだろう。

《かくして帝国海軍に対する最後の義務は終わったのである。いつまでも雪風の姿を瞳に焼きつけるように見守って、乗組員は内地へ還ってきた》

「鳳翔」の軍艦旗が焼かれる光景を、山本たち約800人の乗組員が、涙を流しながら見たように、戦後、洋上で、復員船となった日本海軍の艦船に軍艦旗や日章旗が、たなびくことはなかった。

「雪風」は、中国海軍に接収される戦後の別れの日に、再び一度だけ、日章旗を掲揚することを許されたのだった。

復員活動の退職金

復員船を降りた元海軍兵たちは、それぞれ新たな人生の方角へと舳先を向け、歩きはじめた。

艦上攻撃機のパイロットから、復員船「鳳翔」の〝ウォッチ〟を務めた磯部利彦は、「もういちど空を飛ぼう」と奮起し、復員船「鳳翔」を降りた後、民間旅客機のパイロットとなるための操縦免許を改めて一から取得し直し、ダグラスDC3やYS-11などの機長を務めた。

復員船「早崎丸」に乗り込み、医務長を務めた元海軍軍医の加畑豊は、復員船を降りた後も、医師として働きつづけ、晩年は静岡県の浜松市立診療所の所長などを歴任した。

海軍経理学校卒の珊瑚会のメンバー、高橋辰雄は、復員活動を終えた後、東京大学文学部を受験し合格。卒業後は演劇の道へと進んだ。民放が創設され、テレビ放送が開始されると、放送作家として活躍した。

「ヨーソロー！」と、己を鼓舞し、それぞれ見つけた次の進路へ向かって……。

◇　◇

1946（昭和21）年11月。

「海防艦126号」を下船した山本重光は、ようやく復員船の通信員としての任務を解かれた。

「最後の港？　最終的に、私が任を解かれた場所は長崎県の佐世保港でした。ここで私は本当の〝除隊〟となりました。最後の階級は『復員官補』という名称でした」

この復員官補の給料とは、いったい、どれぐらいの金額だったのだろうか。

山本たちが、これからの長い人生を生きていくための貯金は、果たして、できたのだろうか。

第二章で紹介した足立倫行のコラムのなかで、復員船に乗っていた当時の足立の父が受け取っていた給料についての記述がある。

《復員官（高等官6等）の年俸は2150円。月給にすれば約180円で、航海手当てを加えてもせいぜい250円ほど。安月給で知られた小学校教員の46年の初任給が月300～500円だから、かなり低賃金だ》

足立の父よりも若かった山本は、階級も足立の父の部下にあたる「復員官補」という職位だから、この金額よりも、さらに給料は安かったであろうことがわかる。

この金額を知れば、「危険で命懸けの復員活動」に対して、終戦直後の混乱期とはいえ、あまりにも割の合わない給料、手当てであったことが十分に想像できる。

「それでもね。最後に退職金が出たんですよ」

山本が笑いながら教えてくれた。

「実家へ帰る前、佐世保の上官が退職金を手渡してくれたんです。800円でした。でも、私は、すぐに全額、返すことにしました。なぜか？　そうすることが、当時の海軍兵のしきたりでしたからね。それでも、惜しくも何ともありませんでしたよ。お金がほしくて、この復員の仕事をしていたわけではありませんからね……」

山本は飄々《ひょうひょう》と、こう語った。

命懸けの1年半にも及んだ復員船乗務という海の上での過酷な労働。

この功績に対し、退職金は、当時の小学校教員の2カ月分の給料にも満たない金額だったのだ。

そして、そんな、わずか800円の退職金でさえ、山本は受け取ることをいさぎよしとせず、辞退していたのだ。

「その代わりに……。などと言っては何ですが、『海防艦126号』を降りるとき。褒美《ほうび》として毛布3枚、そしてアメリカ製の缶詰を30個ほど手渡されました。これを、お土産《みやげ》に持って故郷へ帰れ……。上官から、そう言われました。この〝褒美〟の荷物を、風呂敷に大切に包んで、背中に背負って、私は汽車に乗りました」

1945（昭和20）年8月15日の〝終戦〟から1年3カ月が過ぎていた。

1946（昭和21）年11月。

ついに、この日、山本にとっての〝本当の終戦日〟が訪れたのだった。

軍艦から復員船へと乗り継いだ山本たち元海軍兵たちの尽力で、1946（昭和21）年末までに、世界に取り残されていた日本の軍人、民間人計約660万人のうち、約500万人が帰国を果たしたという。

さらに、1952（昭和27）年までには、引揚者の総数は約630万人にまで達したとされる。

「私にも、これでようやく故郷への帰宅を許される日が来たのだ……。しみじみと、そう思いましたね」

「鳳翔」、そして「海防艦126号」の艦内にハンモックを吊って過ごしていた山本に、ようやく布団の上で、ゆっくりと眠ることのできる平穏な日々がやってきたのだ。

戦争と復員輸送。日本海軍の通信兵と復員船の通信員という、2つの大役を終えて……。

洋上で過ごした生活を離れ、山本は、三重県の故郷へ帰省するため、いざ、汽車に乗り込んだ。

汽車が出発する瞬間。山本は、自分の胸のなかで、小さく「ヨーソロー……」と、掛け声をかけていた。

止水工事に豆腐修業

三重県伊賀市に戻った山本は、東京に本社のある、トンネルなどの止水工事を請け負う土木会社の大阪の支店に就職した。

父の瓦屋を、なぜ継がなかったのだろうか？

「海軍に召集された兄が復員して帰省し、家業を継いでいましたからね」

山本が通信学校へ入校した日。

列車の連結器の上から転げ落ちた山本を、走る列車から身を乗りだし、手を差しだして間一髪のところで列車の上に引き上げてくれた長兄、重一は、あの〝事件〟の後、召集され、海軍に入隊。第二次世界大戦末期には硫黄島の部隊に配属されていた。

１９４５（昭和20）年2月から3月まで続いた「硫黄島の戦い」は、世界の戦史のなかでも屈指の激戦のひとつとして知られる。

日本軍兵士約2万1千人のうち実に95パーセント、約1万9千９００人が戦死、もしくは行方不明になり、今も遺骨収集の活動が有志によって続けられている。あの島だ。

米軍側にとっても「硫黄島の戦い」は、日本軍以上の数の死傷者（日本軍側約1万9千９００人に対し、米軍側は約2万9千人）を出した稀有《けう》な戦闘（「海兵隊史上最も野蛮で高価な戦い」と語り伝えられている）として記憶され、２００6年にはハリウッドの重鎮、クリント・イーストウッド監督によって、この戦闘を米側からの視点で描いた『父親たちの星条旗』、日本側からの視点で描いた『硫黄島からの手紙』の2本の映画が作られ、世界で公開されるなど、今なお風化せず語りつづけられてきた、いわくつきの戦史だ。

「実は兄は、この戦闘が激化する3日前、日本海軍の機密文書を持って軍用機に乗り、日本本土へ帰って来ていたのです。この任務がなければ、おそらく兄は硫黄島で戦死していたでしょうね……」

長男の重一も、次男の重光とともに、いかに強運の持ち主であったかがわかる。

家業の瓦屋を兄に任せ、大阪の会社で働くことになった山本は心機一転、新たな人生を歩みはじめた。

帰郷後、山本は兄の妻の妹、まさと結婚した。互いに近くの家で育った幼馴染で山本が21歳、まさは18歳だった。

「大阪の会社へは早朝に起きて、毎朝、午前6時20分の列車に乗って、三重から通っていました」

片道2時間半以上かけての通勤だったという。

戦中、戦後も、ずっと〝地獄の「鳳翔」〟に乗りつづけていた山本にとって、その後の人生で、「仕事がつらい」と落ち込んだり、へこたれるようなことなど、なかったのではないか。

山本が、あるトンネルで止水工事を担当していたとき。会社の幹部が、突然、現場を見学するために訪れたという。

幹部は上下真っ白のスーツで身を包み、頭には、洒落《しゃ》れた白いハットをかぶっていた。

そのまま、トンネルの中に入ろうとした幹部に向かって、山本は走りだし、トンネルの入り口の前で幹部を静止した。

「その格好で、トンネルへ入っては危険です。安全のためにヘルメットをかぶってください」

トンネルの入り口の前に立ち、両手を広げて山本は幹部に向かってこう言った。

すると、幹部は、「なんだお前は。上司に指図をするつもりか！」と怒り、すごんできた。

「いえ、たとえどなたでも、そんな格好のままでは危険なので、トンネルのなかへ通すことはできません。安全に仕事をするための決まりですから……」

毅然と山本は言った。

他の社員は誰ひとり、幹部に意見する者はいなかったという。幹部の機嫌をそこね、怒られることを恐れ、皆、何も言えなかったのだ。

その日、山本は会社へ呼びだされ、解雇を通告されたという。

「海軍時代から身にしみついた正義感からでしょうね。どんな場でも、命の危険がある行為に対し、それを見逃すことはできなかった。解雇されたこと？　まったく後悔なんてしていませんよ」

この言葉通り、会社を解雇された山本は、「さあ困ったぞ……」と悩んだものの、落ち込む暇などなく、気づいたら、自宅の近くにあった豆腐店へ駆け込み、「住み込みで修業させてください」と頭を下げていたという。

数日間で豆腐作りの基礎を覚えた後、地元で2軒目となる豆腐店、「山本豆腐店」を開業した。

豆腐店の仕事も朝が早かった。

だが、海軍で鍛えた山本にとっては、やはり、「戦後、どんな仕事も苦に感じたことはなかったですね」と振り返る。

復員活動を終え、三重県へ帰郷してからも、山本の人生は波乱に満ちていたようだ。

山本重光と妻、まさ。
「結婚式の写真？ そんな余裕などなかったですね」と二人は笑った

それでも、突然の解雇の危機を平然と乗り越えたように、山本は、その後の人生をつらいと思ったことはない。

なぜならば……。

「海の上でともに過ごした海軍兵たちの凛《りん》とした顔、颯爽《さっそう》とした姿を、生涯、私は決して忘れることはありません。つらいな、と感じる前に、いつも彼らの顔が瞼の奥に浮かんでくるんです」

今も山本は一日に何度でも、気が付けば、ひとり、仲間の霊に祈りを捧げているという。

「老残、生き延びて毎夜、お祈りしています。深く深く、頭を下げて、哀悼の意を表しております……」と。

山本が20歳の頃の海軍通信兵時代の写真を見せてくれた。

日焼けした表情には、精悍さがみなぎっている。

それから77年にわたる人生を、山本はひたすら歯を食いしばって正直に、懸命に生きてきた。

これまで、誰にも、復員時代の話を誇って語ろうともせずに……。

〝老残〟と、山本は語るが、その眼光に宿る鋭さは、衰えを感じさせない。

20歳の若き日本海軍兵のままの確固たる志をたたえたまま、瞳の奥深くに、まだ、強い輝きを秘めている。永遠に続く力強さを帯びて……。

平和の礎は永遠《とわ》に

南海の荒波を幾度も乗り越えてきた日本海軍初の空母「鳳翔」は、1946(昭和21)年、大阪・南港の日立造船所築港工場で、そして盟友とも呼べる空母「葛城」は、この築港工場から約5キロ離れた日立造船所桜島工場へと回航され、それぞれ翌1947(昭和22)年にかけて解体された。

奇跡的に呉軍港空襲を生き抜き、最後の奉公として復員輸送で活躍してきた空母2隻は、それぞれ、大阪湾に並ぶ2つの工場で永遠の眠りについた。

その2隻が、日本海軍の歴史を象徴する新旧空母だったという事実も興味深い。

日本海軍初の空母「鳳翔」と、日本海軍の歴史のなかで最後に建造された空母「葛城」が、そろって、大阪の海で運命をともにするのだから……。

日本海軍最古、そして最新の2艦の空母が、激動の日本の歴史のなかでたどった、この波乱の運命を、いったい誰が想像できたであろうか。

「葛城」が解体された工場跡地は、その後、どう生まれ変わったのか?

その事実に、関心を持つ現代日本人は、多くはないかもしれない。

その終焉の地が、どんな姿に変わり、現在、どんな役割を果たしているかについても、関心を抱かないかもしれない……。

その場所は、今から約20年前の２００１（平成13）年、日本だけでなく世界各国から大勢の人が訪れ、賑わう、人気の娯楽施設へと生まれ変わっていた。

愛称は「ＵＳＪ」と呼ばれる。

大型テーマパーク「ユニバーサル・スタジオ・ジャパン」へと姿を変えていた。

「ジョーズ」や「ハリー・ポッター」「ターミネーター」「スーパーマン」など、ハリウッド映画の世界を、体感型のレクリエーション施設で楽しみながら堪能できる、そこは、まさに夢のワンダーランド……。

ハリウッド映画界を代表する巨匠、スティーブン・スピルバーグ監督が、施設全体の「クリエイティブ総監督」を務め、完成させた、世界屈指のテーマパークだ。

時空を超えた〝戦争と平和〟……。

それが、このＵＳＪの敷地のなかに混在しているという事実を、米国人のスピルバーグ監督は、おそらく知るはずもないだろうし、日本人でさえも、おそらく、ほとんど誰も意識したことさえないのではないか。

だが、「ハリー・ポッター」の不思議な魔法の世界を冒険するアトラクションや、「ジョーズ」の恐ろしさを体感できる海のクルージング施設などが立ち並ぶ、このワンダーランドの地面の底には、〝戦争と平和〟という最もかけ離れた、相反する〝2つの史実〟が時代を超えて混在しながら眠っているのだ。

この地の下には「葛城」が、そして、ここから約5キロ離れた場所には「鳳翔」が、永遠の眠りについている……。

日本の近代の歴史をたどっていきながら、振り返ってみるとき。このＵＳＪに潜む「戦争」と「平和」のコントラスト（対比）は、単なる偶然を超え、誰かが仕組んだのではないか、と思えるほど、皮肉と驚きに満ちている。

もし、ＵＳＪへ遊びに訪れる機会があれば、ほんの少しだけでもいいから、復員船の史実を思い起こしてみてほしい。

もちろん、平和を享受しながらで構わない。

だが、ほんの一瞬でも構わないから、同胞の命を救いたい……と、敗戦後の空しさや、みじめさに屈することなく、祖国・日本のために尽くした復員船の乗組員たちへ、感謝の思いを抱いてほしい。

今、この日本で、この場所で……。家族や友人たちと、また、世界各国の人々とともに笑顔で過ごすことのできる幸せな時間……。

今、享受している、この国の平和……。

自由に暮らし、遊び、楽しむことができる、この国の繁栄……。

その礎《いしずえ》には、今、このテーマパークで笑い声をあげている若者たちと同じ年代の頃、機雷が行く手をふさぐ海を越え、戦場跡へと向かっていった山本重光たちのような〝名もなき英雄〟たちが流した、涙や汗の跡が宿っていることを思い起こしてほしい。

「誰かがこれをやらねば……。俺がやらねば誰がやる！」

そう意を決して立ち上がり、己の人生を、己の青春の日々を捧げた、命懸けの尊い復員活動があったことを……。

エピローグ

霧笛（むてき）――「里の秋」――

航行中の船が、海霧の発生などで視界不良となったとき。衝突を避けるために警告として鳴らす汽笛のことを航海用語で「霧笛《むてき》」と呼ぶ。

この霧笛の役目を果たすかのように、山本重光たちが行った復員活動の記録を今に伝えようと歌い継がれてきた名曲があることを、現代の日本人は知っているだろうか……。

「いずも」艦上コンサート

2015（平成27）年10月11日。

神奈川県の横浜港「大さん橋」に停泊中の海上自衛隊の護衛艦「いずも」の艦内で、世界各国の海軍の幹部たちを招き、防衛について考えるシンポジウムが開かれていた。

この日、シンポジウムと並行して、ヘリコプターなどを搭載する「いずも」の格納庫を使って、一般の来場者に向けて、海上自衛隊所属の東京音楽隊によるコンサートが開催された。

「シンポジウムのサブ・テーマが、海上自衛隊の〝戦後70年の歩みと将来への展望〟でしたので、日本の海上自衛隊の創設の流れに合わせて、演奏する曲目を選ぶことにしました」

このコンサートでの演奏曲の選定やプログラムの構成などを担当した、当時、海上自衛隊二佐だった倉谷昌伺《くらたにまさし》（現京都情報大学院大学教授）は振り返る。

コンサートでは、音楽隊による演奏のほか、〝海自の歌姫〟と呼ばれ、全国にファンも多い同隊初の専属メゾ・ソプラノ歌手、三宅由佳莉・三等海曹（現在は二等海曹）による独唱の披露も、数曲予定されていた。

「1曲目の演奏は米海軍を象徴する曲『錨を上げて』、2曲目はトルコ海軍と日本との友好を紹介するためにトルコの行進曲『ジェッディン・デデン』の演奏で……」

海上自衛隊の護衛艦「いずも」
（出典：海上自衛隊ホームページ）

倉谷は次々とコンサートで披露しようと計画する曲目を選んでいったが、途中で行き詰まった。

「このコンサートのなかで、終戦から海上自衛隊の創設の間の歴史のなかで、復員に関する史実は省くわけにはいかない。そこで、日本の海軍兵だった人たちが、国内に帰還する復員船に乗り込んだ歴史について紹介しようと思ったのですが、なかなか、この復員活動を象徴するような、いい曲が思い浮かばなくて……」

倉谷は海上自衛隊に入隊後、護衛艦「はつゆき」の航海長、護衛艦「うみぎり」の船務長、そして護衛艦「ゆうぎり」の副長などを歴任。また、世界の海戦の歴史に詳しく、海上自衛隊幹部学校の教官として、学生たちに海戦史などの教育を行ってきた。

音楽についての造詣も深かった。小学校時代は合奏部、中学、高校、防衛大学校時代は吹奏楽部に所属し、管楽器ユーフォニアムの奏者でもあった。

そんな、日本海軍、海上自衛隊の歴史に加え、国内外の海軍史にまつわる音楽についても海上自衛隊のなかで、誰よりも詳しいはずの倉谷だったが、「日本で復員が行われていた実態や、それを歌にした楽曲などについては、自分はほとんど知らない……」ということを、このとき痛感させられたという。

「さて、どうしようか……」と思い悩んでいたときに、ふと、ある曲が頭のなかをよぎった。

それは、長崎県佐世保市にある浦頭《うらがしら》引揚記念平和公園内の歌碑に刻まれた、民間人が大陸から引き揚げてくる〝せつない思い〟を歌にした歌詞であった。

「人気演歌歌手だった〝バタヤン〟こと田端義夫の『かえり船』の歌詞を思いだしたのです。この曲を三宅・三等海曹に歌わせてはどうかと、音楽隊の隊長と相談してみたのですが、彼女はメゾ・ソプラノ歌手であり、演歌は歌えない。無理をさせて歌わせるのはいかがなものか、と音楽隊長から指摘されました……。そう言われるのも、その通りかな、とは納得したものの、では、いったい何を歌ってもらおうか。困り果ててしまって」

倉谷は苦笑しながら語った。

《♪波の背に背に　ゆられてゆれて》

昭和生まれの日本人なら、誰しもが、一度は耳にしたことのある〝バタヤン〟の大ヒット曲「かえり船」は、復員船に乗って故郷・日本へ帰ってくる引揚者たちの祖国への思いが込められた有名な演歌だ。

困り果て、考えあぐねた倉谷が、「別の曲を探さなければ……」と、思案していたときだった。

福岡県で暮らす母から、電話がかかってきた。

「そうだ。この人に聞いてみよう。戦中、戦後をたくましく生きてきただけに、何か、ヒントを教えてくれるかもしれない」

そんな、軽い気持ちで倉谷は母に聞いてみることにした。

「母さん、バタヤンの『かえり船』を知っとろう。この曲に代わるような、何か引揚げとか復員にまつわる、いい曲は知らんね？」

「そうやねえ……」

防衛大学校入校以来、関東で暮らしているが、生まれてから高校までを福岡県で過ごしてきた倉谷は、母との会話では、博多弁に戻る。

母はしばらく考えた後に、こう言った。

「それやったら、『里の秋』がよかろうや。あんた、『里の秋』ば、しっとろうもん？」

その曲なら、もちろん倉谷も知っている。

「小学校の音楽の授業で習ったから知っとうばってん、あの曲が、なして？　引揚げに関係あると？」

すると母は、「あんたは1番の歌詞しか知らんめーもん、2番、3番の歌詞は知っとうね？」と尋ねてきた。

「知らん……」と、素直に倉谷は即答していた。ほとんど1番しか歌わなかったから。2番、3番を歌った記憶がない。

「あんた、知らんとね。調べてみてんしゃい。あの曲は引揚げの歌やけん。お母さんと幼い子供が、南方の戦地へ行ったお父さんが帰ってくるのを日本本土で待っとう歌よ……」

母の話を聞き、倉谷は改めて「里の秋」を聞き返してみることにした。

《♪しずかな　しずかな　里の秋》

日本人なら、この1番の歌詞を知らない人はいないだろう。

小学校の音楽の授業などで、一度は必ず習うといってもいい有名な童謡だ。

1番は、このタイトル通り、日本の「里の秋」について歌っており、その内容は、のどかな童謡に思える。

だが、3番まで聞いていき、「この曲は、実は復員活動や引揚者について歌った曲だったのか……」と倉谷は、ようやく理解した。

3番では、〝さよなら、さよなら、椰子《や し》の島〟や〝お舟にゆられてかえられる〟の歌詞があり、そして〝とうさんよ、ご無事でと〟と続き、〝今夜もかあさんと祈ります〟と結ぶ。

「そうだったのか……。よし、ここは、この童謡を三宅・三等海曹に歌ってもらおう」

母のおかげで、いい曲が見つかったことに倉谷は、ひと安心したが、今度は新たな問題が浮かびあがってきた。

「でも、困ったぞ。コンサートでは何曲も演奏曲目をプログラムしなければいけないから、『里の秋』を歌ってもらうためには、時間的に許されるのは1番のみか……。それでは、復員活動に関わる歌だとは気づいてもらえないだろう。せめて、1番と3番だけを三宅・三等海曹に歌ってほしいところだが……」

相談すると、当初、「さすがに3コーラスは難しいですね……」と音楽隊は渋ったというが、倉谷は「この曲が、コンサートのメインといってもいい曲になります。ぜひとも三宅・三等海曹に歌ってもらって、聴衆に感動を伝えたいのです」と必死で粘った。

この倉谷の熱い説得に、音楽隊長は「よしっ、任せとけ！」と、他の曲目の長さを変えることで、全体の演奏時間を調整してくれたのだ。

「最終的に3コーラス。なんと、フル・コーラスで歌ってもらえることになったんですよ」と倉谷は喜び、そして、こう興奮気味に続けた。

「リハーサルのとき。彼女は3番目に入ると、歌をオクターブ上げて、メゾ・ソプラノ歌手としての本領を発揮して歌ってくれたんです。すばらしい歌声の演出でした」

海上自衛官として受け継ぐもの

この日のコンサートで司会、曲とその歴史の解説を担当した倉谷は、彼女が「里の秋」を歌っている間、オーケストラの横に立ち、ずっと涙を流しつづけていた。

「リハーサルのたびに、何度も涙が出てきて仕方がなかったのですが……」

倉谷は、福岡市の県立福岡高校を卒業すると、防衛大学校へと進み、海上自衛官になった。

倉谷の母は、海上自衛官となって護衛艦に乗り、世界の洋上を航海する一人っ子の息子の身を案じながら、ずっと福岡でひとり、家を守りつづけてきたのだ。

「復員などの活動の全貌については、海上自衛官である我々でさえ、正直、その実態はよくわかっていないのです……」

海上自衛隊の幹部学生たちに、世界の海戦史などについて教えていた海軍史のエキスパートである倉谷でさえ、この「里の秋」へ込められた引揚げ、復員の歴史、その仕事に従事していた元海軍兵や、その家族たちの思いを深く知りたい……と考えたのは、このときが初めてだったという。

今なら、倉谷には、復員船に乗っていた元海軍兵たちの決意、勇気や葛藤、日本で待っていた家族の寂しさやつらさなどが身に染みて理解できる。

軍人の母としての覚悟も……。

そして、童謡「里の秋」に込められていた〝真の意味〟も……。

「いずも」での艦上コンサートで呼び覚まされた復員船への思い。その思いを募らせながら、〝元軍艦乗り〟で、ユーフォニアム奏者の音楽家でもある倉谷は、こんな願いを今、込める。

「なぜ、この曲を聞くと、いつも涙を誘われるのだろうか。この曲の歌詞を、今いちど、聞き直し、その意味をかみしめ、そして、ほんの少しでもいいから、引揚者や復員する元海軍兵たちを日本へ連れ帰るために復員船を動かしていた日本の元海軍兵たちがいたことも想像してほしい。そして、彼らが人のため、国のために尽くした献身、その勇気ある行動、その功績にも、少しでもいいから、思いを馳《は》せてほしい……」と。

「里の秋」の作詞は、元小学校教諭だった斎藤信夫が手掛けた。

斎藤は、復員船にまつわる実態について知るなかで、戦時中に書いていた詞を、1945（昭和20）年の終戦後に書き直している。作曲は「あの子はたあれ」などで知られ、〝童謡のかみさま〟と呼ばれた海沼實《かいぬまみのる》だ。

ときは流れ、終戦から70年後……。

日本の平和を守る護衛艦「いずも」の格納庫で、「里の秋」は披露された。

歌の3番目に入ると、三宅・三等海曹は、オクターブ上げて歌いはじめた。

曲は終盤へ……。

声高らかに歌い上げる歌詞には、世界平和への願いが強く込められているようで、格納庫に集まった聴衆の目にも、皆、倉谷と同じように涙が光っていた。

《♪ああ　とうさんよ　ご無事でと　今夜もかあさんと　祈ります》

思い出のギター

２０２２（令和４）年、初夏。

三重県伊賀市の山本の自宅で取材中、部屋の壁に、年季の入ったクラシックギターが立てかけてあったので、聞いてみた。

「あのギターは山本さんのものですか。弾くのですか？」

「ええ、私のですよ。では、ちょっと弾いてみましょう……」

そう言って山本は立てかけていたギターを持ってくるとあぐらをかいて座り、胸に抱えた。そして、チューニングを終えると、誰もが、一度は聞いたことのある懐かしのイントロ（前奏）のメロディーを弾きはじめた。

そう、その曲は、倉谷が「いずも」艦内の特設ステージで、三宅・三等海曹に歌ってもらおうとしていたバタヤンのヒット曲「かえり船」だった。

足でリズムを取りながら、全身でギターの音色を響かせる山本の指使いに見とれていると、「続いて、もう一曲弾きましょう」と言い、再び器用にチューニングを終えると、別の曲を弾きはじめた。

これも、聞いたことのあるイントロだった。それは「湖畔の宿」だった。

1940（昭和15）年、〝歌う映画女優〟と呼ばれた国民的人気スター、高峰三枝子が歌い、第二次世界大戦中、最前線で戦う日本の兵士たちから親しまれた、服部良一作曲、詩人、佐藤惣之助作詞による名曲だ。

《♪山の淋しい湖に》

発売当時は日中戦争のさなかにあり、「感傷的で戦時色がない」などを理由に、ほとんど宣伝されなかったという。だが、前線にいる日本の兵士たちの間で親しまれ、慰問団が戦地へ赴いた際などには、この曲が兵士たちから、よくリクエストされていたという。

山本も、この曲が好きで、非番のときに、「鳳翔」の飛行甲板の上にひとり上がって、よく歌詞を口ずさんでいた。

「夜風にあたりながら、南十字星を眺め、私がこの曲を口ずさんでいると、どこからかギターの音が流れてきたのです」

ふと、その音の聞こえてくる方向を見ると、すぐ近くの甲板の上に腰掛け、ギターを抱えた上官がいた。

「音楽が好きで、ギターが得意な上官でした。『君も歌が好きか?』。私に向かって上官はそう言い、持っていたギターで伴奏してくれたんです。それからは、しょっちゅう私にギターを教えてくれたんですよ。他には誰もいない『鳳翔』の飛行甲板の上でね……」

体を揺らしながらリズムをとり、歌を歌いながらギターを弾きつづける山本の動き、そして声は、若々しく、96歳であることが信じられなかった。

曲が3番に入った。

《♪旅の心のつれづれに》

引揚者たちだけでなく、戦後、「鳳翔」に残って復員活動を続けていた山本たち若き元海軍兵たちも、望郷の念にかられながら、海の上で孤独に耐えながら、家族や仲間のことを思いながら……。引揚者たちの命を助けたい一心で、己の人生を懸けて復員船に乗っていたのだ。

瞳を閉じ、体全体でリズムをとりながらギターを奏でる山本の目の奥には、復員船「鳳翔」の飛行甲板の上で、太平洋の波に揺られながら眺めていた、雲ひとつない南の夜空に燦然と輝く南十字星の眩《まばゆ》い光が、今も鮮やかに映っているようだった。

ギターを弾き語りする山本重光。
「鳳翔」の甲板での光景が見えてくるようだった

おわりに

終戦直後の呉軍港。

上空から俯瞰して見ると江田島の一部であるかのように、緑色と土色で覆われた〝ジャングル〟のように見えていた空母「鳳翔」の擬装が次々と取り払われていく。

江田島の島民が総出で、船体を隠すために覆ってくれた巨大な網と、その上にかぶせられた木々の枝や木の葉などでできた〝鎧《よろい》〟を脱ぎ捨てるようにして、「鳳翔」は再び、その巨大な威容を現す。

擬装をまとったまま、呉の軍港の片隅で、静かに終戦を迎え、朽ち果てようとしていた「鳳翔」は復員船として生まれ変わり、〝世界を舞台にした壮大な人命救助〟という新たな使命を与えられ、再び大海原へと旅立っていく……。

この実話を山本に聞きながら、私の脳裏には、かつて子供の頃、心躍らせながら見ていた一本のアニメ映像が鮮明に目の前に浮かび上がってきた。

戦争・ＳＦ漫画の巨匠、松本零士による原作で、社会現象にもなった大ヒットアニメ『宇宙戦艦ヤマト』（1974年に初めて放送）のオープニングシーンが、まざまざと、瞼の裏に浮かんで見えたのだ。

第二次世界大戦末期。

沖縄へ海上特攻をかける途中、九州南方の坊ノ岬沖海戦で沈没した戦艦「大和」。

それから約250年後……。

2199年、地球を救うために、宇宙戦艦ヤマトとして蘇る。

海の底で朽ち果てようとしていた戦艦「大和」が、その姿を変え、息を吹き返すのだ。

船体の表面を覆い隠していた土ぼこりをはね飛ばしながら、勇壮な姿を現すと、大空へと発進。

大気圏を突き抜け、地球からはるか14万8千光年離れた大マゼラン星雲にあるイスカンダル星を目指して……。

18歳の古代進、歴戦の沖田十三艦長らヤマトの乗組員たちは、己の命を懸けて、危険な任務へと旅立っていく。

地球の人々の命を守り抜くために。

復員船「鳳翔」は、宇宙戦艦ヤマトが宇宙へ飛び発つ、250年も前に決死の船出をしていたのだ。

迎えを待つ同胞を一刻も早く救出しようと、はるか数万マイルも離れた南洋の島々を目指し……。

「鳳翔」は、その艦名に込められた〝鳳凰の大きな両翼〟を広げ、復員活動という壮大かつ困難な任務を遂行するために、世界の大海原を縦横無尽に駆け巡ったのだ。

復員船で太平洋に繰りだしていった山本の話を聞いていて、何度も体が震えるのを感じた。

現在、日本には海戦史にまつわる文献や戦闘を克明に伝える記録や映像などは、山ほど残っている。その研究も行われてきた。今も戦史にまつわる新刊本が次々と発刊されている。

しかし、一方で、復員船にまつわる文献や映像などは、これまで、ほとんど残されていない。

何度も、死線に立ちながら、踏みとどまり、それを乗り越えてきた山本は、取材の最中に何度も、こう口にした。

「呉軍港空襲を生き抜き、復員に従事した『鳳翔』の記録について語り伝えるのが、今の自分に託された宿命ではないのか……」と。

この山本の声を、なんとしても残さなければならない。これは、山本を取材した記者にとっての使命ではないか？

その一心で、取材を進め、この原稿を執筆した。

取材中、そして、原稿を書きながら、何度も涙が込み上げてきた。

なぜ、山本たちの功績が、日本の現代史のなかで、これまで、正当に評価されることなく、継承されてこなかったのか。なぜ誰も書き記してこなかったのか？

「我々は祖国・日本に見捨てられた……」

そんな〝憾《うら》みの声〟ばかりを、長年にわたり、記者として聞きつづけてきたように思う。

その理由の一端には、山本たち復員船の乗組員たちの声が、今まで、ほとんど形にされず、命懸けの偉大なこの功績が、ほとんどこの国で評価されず、見過ごされてきたことに起因してはいないか？　復員に従事した元海軍兵たちの献身の活動に感動するとともに、そんな、誰にも関心を払われてこなかったことへの現代を生きる日本人としての空しさ、無念さ、そして悔しさが入り混じったような、複雑な涙でもあった。

◇　◇

温かく自宅に招き入れ、取材にご協力してくれた山本さんと、そのご家族に心より感謝いたします。

豆腐職人でもあった山本さんが腕を振るって調理してくれた〝自慢の豆腐田楽〟、自らたいてくれた白米のご飯。自宅の畑で採れた新鮮な野菜でつくってくれた漬物……。

取材中にごちそうしてくれた、これら郷土・伊賀の料理のおいしさは、一生忘れることはないでしょう。

山本さんのご自宅は、「今でも忍者が住んでいるのではないか？」、そんな空想を抱かせるような奥深い山の上にある。

この〝忍者の里〟への取材時、たびたび編集者の神崎夢現さんが同行してくれた。うねりくねった山道で何度も迷いながら車を運転し、山本さんの家を探しだし、ともに山本さんがたいてくれた「釜の飯」をごちそうになりました。献身的な編集で、この本を仕上げることができました。多大なるご協力に感謝の意を表します。

また、山本さんと出会うきっかけを与えてくれ、出版に向け多大なサポートをしてくれた二見書房編集者、是安宏昭さんに御礼申し上げます。

96歳の山本さんを取材していて、人としてにじみだす生命力の強さ、人を和ませる優しさを改めて痛感させられた。

この生命力は、いったい、どこから湧きだしてくるのだろうか？

そう思いながら話を聞いていたが、この原稿を書きあげた今、その理由が氷解した気がする。

人のために己を鼓舞し、人のために危険を顧みず、人のために困難な任務を成し遂げた者のみがまとう「不撓不屈《ふとうふくつ》の矜持《きょうじ》」から、この〝たくましい優しさ〟は発しているのだ……と悟った。

実は、終戦直後。元軍人たちが、皆、復員活動に従事したわけではないことも取材でわかってきた。いや、むしろ、そのまま軍隊を離れ、帰郷していった軍人の方がはるかに多かったのだ。

「次男、三男は残って、復員船『鳳翔』を動かしてほしい……」。こう言われて山本さんは「鳳翔」に残った。そしてその後、1年半もの間、自らの〝終戦〟を先送りした。

こんな記録が、『あゝ復員船』のなかで赤裸々に明かされている。

《「葛城」の人員補充を担当していた佐世保復員局艦船運航部補充課（旧佐世保人事部）が、十一月下旬に「葛城」乗員として発令した二十三名は、陸路赴任の途中にほとんどの者が姿を消して、艦まで来た者はわずか三名という有り様であった…》

このように、復員活動を拒否しても、それが許される時代を生きながら、あえてそうせず、人知れず、山本さんのように自ら率先して復員活動という人名救助に奔走した若者たちが、戦後の日本に、確かにいたのだ。

募集をかけた「葛城」では、多くの海軍兵が逃げる状況だった。それでも、己の命を危険にさらす覚悟で、３人もの若者が志願してきたのだから……。

この山本さんたちの「献身の史実」が、後世へと継承されることを切に願う。

最後に、心を込めて。

山本さん、お疲れさまでした。本当にありがとうございました。そして、すべての復員船の乗組員や復員活動に関わった方たち、英霊へ――。

最大限の感謝の意を込めて、この書をあなたたちへ捧げます。

【追記】

この書の刊行準備を進める最中、２０２３年1月、山本重光さんが膀胱がんのため亡くなられた。日本の未来の平和を信じ、怒涛の時代を生き抜いた山本さん、天国で、ゆっくりとお休みください。享年96。

「語り継ぐことが私の使命です」と
亡くなる直前まで山本重光は話していた

《主な参考文献》

『あゝ復員船　引揚げの哀歓と掃海の秘録』（珊瑚会編　騒人社）
『最前線の医師魂　空母から復員船へ 若き軍医の手記』（加畑豊著　光人社NF文庫）
『最後のネービーブルー　回想の復員輸送艦秘話』（志賀博著　光人社）
『南方からの帰還　日本軍兵士の抑留と復員』（増田弘著　慶應義塾大学出版会）
『火だるまからの生還　磯部海軍大尉の体験と信条』（磯部利彦著　高文研）
『太平洋戦争　日本軍艦戦記』（半藤一利編　文春文庫PLUS）
『南洋通信』（中島敦著　中公文庫）
『日本空母戦史』（木俣滋郎著　図書出版社）
『日本海軍艦艇図鑑』（歴史群像編集部編　GAKKEN）
『航空母艦物語　体験者が綴った建造から終焉までの航跡』（野元為輝他著　光人社NF文庫）
『日本の航空母艦パーフェクトガイド』（GAKKEN）
『丸』（2020年7月号）
『終戦と帝国艦艇　わが海軍の終焉と艦艇の帰趨』（福井静夫著、阿部安雄・戸高一成編集）
『奇跡の船「宗谷」』（桜林美佐著　並木書房）

そのほか、『WEDGE　infinity』（「足立倫行のプレミアムエッセイ」）などWEBでの配信記事、全国の自治体などが募集し、WEBなどで公開している元軍人の手記など。

著者略歴

戸津井康之

とつい・やすゆき

1965年10月4日、大阪府堺市生まれ。元産経新聞文化部編集委員。大学卒業後、日本IBMを経て、1991年、産経新聞入社。大阪本社社会部記者、大阪・東京本社文化部記者、大阪文化部デスク、文化部編集委員を経て2018年に退職し、現在、フリーランスのライター。産経新聞記者時代は紙面とネット連動の連載コラム「戸津井康之の銀幕裏の声」「戸津井康之のメディア今昔」などヒットコンテンツを手掛ける。2021年8月、長編ノンフィクション『双翼の日の丸エンジニア』（学研プラス）を刊行。

企画・装幀・編集

神崎夢現

日本海軍監修・カバー写真

原 知崇

章扉イラスト

高橋順平

地図制作・本文組版

小石和男

終《お》わらない戦争《せんそう》 復員船《ふくいんせん》「鳳翔《ほうしょう》」“終戦《しゅうせん》”までの長《なが》き航路《こうろ》

2023年5月25日　初版発行

著　者　戸津井《とつい》 康之《やすゆき》
発行所　株式会社 二見書房
東京都千代田区神田三崎町2-18-11
電話：03(3515)2311[営業]
03(3515)2313[編集]
振替：00170-4-2639

印刷・製本　株式会社 堀内印刷所

落丁・乱丁本はお取り替えいたします。
定価は、カバーに表示してあります。

ISBN978-4-576-23056-6
https://www.futami.co.jp/